ÉVERHARD JABACH

COLLECTIONNEUR PARISIEN

(1695)

Extrait des *Mémoires de la Société de l'Histoire de Paris
et de l'Ile-de-France*, t. XXI (1894).

ÉVERHARD JABACH

COLLECTIONNEUR PARISIEN

(1695)

PAR

LE VICOMTE DE GROUCHY

PARIS
1894

ÉVERHARD JABACH

COLLECTIONNEUR PARISIEN

(1695).

De nombreux auteurs en France ont cité le nom de Jabach; on le trouve un peu partout, mais sans grands détails. Nous ne connaissions jusqu'à présent que fort peu de choses de sa famille et de ses origines; nous ignorions l'inventaire des richesses artistiques qu'il avait amassées après la vente au Roi de sa première collection, en 1671, et qui, au moment de sa mort, remplissaient son hôtel de la rue Saint-Merry. Nous essayerons, aujourd'hui, de compléter cette lacune en nous servant des travaux d'un érudit allemand[1] et de l'inventaire après décès de Jabach, que nous avons eu l'heureuse chance de trouver dans le minutier de Me Caillet, notaire. Ce document, absolument inédit, sera la base de nos recherches, et nous en publierons le texte plus loin.

Bien qu'il soit Allemand d'origine, Jabach, né à Cologne, est un vrai Parisien; Paris est sa patrie d'adoption; il en était bourgeois et il y a vécu de longues années. C'est là qu'il a formé les célèbres collections qui le recommandent au souvenir et aux hommages des concitoyens qu'il s'était choisis, c'est là qu'il est mort en 1695.

Ce qui reste de sa demeure se nomme encore le *Passage Jabach*, et cependant sa célébrité ne sortit pas d'un domaine assez restreint, car on n'avait, nous le répétons, aucun détail sur sa vie, et c'est

---

1. *Die Familie Jabach zu Köln, und ihre Kunstliebe*, von J.-J. Merlo, mit zwei Abbildungen. Köln, 1861, in-8° (Tirage à part des *Annalen des hist. Vereins für den Niederrhein*). — Cf. aussi *Allgemeine Biographie*, t. XIII, p. 519.

en vain qu'on chercherait son nom dans nos grands dictionnaires biographiques.

La famille Jabach fut connue à Cologne dès le milieu du xve siècle; son premier représentant, Gœdhart von Jabach, et sa femme Sygyne achetèrent, le 21 décembre 1469, une maison dans la *Burgerstrasse* de Jean Meinershagen et de sa femme Ursule. On les retrouve, le 19 octobre 1470 et le 24 novembre 1475, participant avec d'autres bourgeois à l'acquisition d'immeubles. Vient ensuite Arnoult von Jabach, qui acquit, le 5 novembre 1490, de Henri Struys et de sa femme Wasgyn, une maison en pierres située à l'angle de la rue où se trouvait *la maison au Florin*. Arnoult, en 1504, était sénateur. Son fils aîné, Jean Jabach, avait épousé Catherine van Aich; on les rencontre dans différents actes de 1527 à 1531. Leur fils, Éverhard Jabach, se maria en 1557 avec Hilgen Wickrath. Il était membre de la corporation des fabricants de tissus de couleur et fut porté, en 1578, au conseil de la ville. Il possédait un comptoir à Anvers.

C'est à son fils, nommé comme lui Éverhard, que la famille doit d'avoir atteint le plus haut degré de richesses et de considération. Dès sa jeunesse, il fonda une maison de banque à Anvers, laquelle lui procura de gros bénéfices. Il étendit notablement ses relations et délivra un de ses parents de la captivité chez les Barbaresques[1]. Cet Éverhard épousa Anne Reuters, d'une famille déjà alliée aux Jabach. Suivant la loi municipale de Cologne, Éverhard avait dû être membre assermenté d'une des vingt-deux associations de marchands de la ville; comme ses pères, il avait choisi la corporation des fabricants de tissus, qui l'envoya au conseil de la ville en 1600 et en 1603, mais son élection fut cassée deux fois par le Sénat, dont les registres portent : *Non intravit*. Jabach, en effet, était protestant, et cette cause le tenait éloigné des affaires publiques. Il fut ramené dans le sein de l'Église catholique par le curé de Sainte-Colombe, Gaspard Ulenberg, le célèbre traducteur de la Bible; dès lors Jabach pouvait entrer dans le conseil de la ville, et il occupa paisiblement son siège en 1620. De 1625 à 1629, dernière année de son élection, il fut toujours élu *stimmeister*, ce qui est la plus haute dignité municipale après le consulat. En 1624, il était membre de l'importante corporation des monnayeurs. A la suite d'héritages, mais, plus encore,

---

1. Fahne, *Geschichte der Kölnischen.. Geschlechter*, t. I, p. 39.

grâce au succès toujours croissant de ses entreprises commerciales, Jabach arriva à une grande fortune. Il acheta, en 1617, la terre noble de Weiler, près de Zülpich, au duché de Juliers, du comte Floris de Culenbourg, baron de Palandt; puis il décora magnifiquement sa maison de ville, située dans la rue des Étoiles. La chapelle de cette demeure renfermait quatre tableaux d'Albert Dürer, qui sont aujourd'hui au musée de Munich[1].

Éverhard Jabach mourut le 27 mai 1636, laissant :

a) *Anna*, mariée à Gerhardt d'Immerstraedt ; — b) *Hélène*, mariée à François Brassart, bourgmestre en 1651; — c) *Sibylle*, mariée à Jean Hunthum ; — d) *Marie*, qui épousa en 1640 Fidelius-Frédéric Wintzler; — e) *Éverhard*[2]; — f) *Catherine*.

Nous arrivons ainsi au personnage qui nous occupe, Éverhard Jabach, troisième du nom. Il est devenu, par son amour pour les arts et par les innombrables collections qu'il a recueillies, le membre le plus célèbre de sa famille; ses parents avaient déjà quatre filles et désiraient un fils qui perpétuât leur nom. Leur joie fut donc indescriptible à sa naissance; cela ressort de leur testament du 31 mars 1633, par lequel ils assuraient à l'enfant préféré de grands avantages. On lui donnait par cet acte la maison de famille et on y exprimait l'espoir que ce fils bien-aimé se conduirait toujours bien, « comme il l'a toujours fait jusqu'à présent. »

Quelques mois après la mort de son père, le 20 août 1636, Éverhard fut admis comme membre de la Société des compagnons monnayeurs de Cologne. Douze ans plus tard, le 25 octobre 1643, il épousait Anna-Maria, fille de l'honorable Henri de Groote, négociant et sénateur de Cologne. Nous avons été assez heureux pour retrouver leur contrat de mariage, que nous pouvons présenter comme inédit[3].

---

1. Cette maison est restée fort longtemps dans la famille Jabach; elle était connue sous le nom de *Jabacher Hof*. Suivant une légende invraisemblable, Rubens y serait né; il paraît plus certain que Marie de Médicis, chassée de France et d'Angleterre, y mourut le 3 juillet 1642, et que les Jabach, comme banquiers, étaient chargés de lui faire tenir les maigres subsides que Louis XIII accordait à sa mère.

2. Nous n'avons pu retrouver la date exacte de sa naissance. Il dut venir au monde entre 1607 et 1612, dans la *Jabacher Hof;* son acte de décès ne donne pas son âge.

3. Minutier de M⁰ Caillet.

Contract de mariage du feu sieur Évrard Jabach et de dame Anne Marie de Groote, en date du 17 octobre 1648, dont suit la copie :

Au nom du Seigneur, Amen. Fait à sçavoir par le présent acte à tous ceux à qu'il appartiendra qu'en l'année de la naissance de Jésus-Christ 1648, dans la première indiction, dans la douzième année de la Régence du très haut et très puissant prince et seigneur Ferdinand troisième, esleu Empereur Romain, etc., ce jour d'huy, samedy, le 17 du mois d'octobre, sont comparus devant moy, notaire publique, et tesmoins cy-dessous nommez, le sieur Évrard Jabach, fils de feu sieur Évrard Jabach et damoiselle Anne Reuters, sa femme, aussy deffunte, comme epoux, accompagné des sieurs Gérard d'Imsterards, François Brassart le jeune, et Jean Hunthum, ses beaux-frères, d'une part, et de l'autre damoiselle Anne Marie de Groote, fille du sieur Henry de Groote et de feue damoiselle Sibelle Duisterloo [1], sa femme, comme épouse future, accompagnée de son père, sieur Jacques de Groote, son oncle paternel, des sieurs Jean Froument et César Volpi, ses cousins, lesquels ont confessé et reconnu avoir conclu et arresté ensemble, à l'honneur de Dieu, un mariage futur entre les surnommez le sieur Évrard Jabach et damoiselle Anne Marie de Groote, en cas qu'il se puisse faire avec consentement de la Ste Mère l'Église, et ce aux conditions suivantes :

Premièrement, promet le futur, après que le mariage mentionné sera solennellement confirmé de l'Église catholique, d'apporter en don des nopces pour le subside du dit mariage tous les biens meubles et immeubles qui luy sont escheus par la mort de ses père et mère, ou qu'il a gagné du depuis par ses peines et son industrie ; à l'encontre de quoy, promet le père de la future, pareillement pour subside du dit mariage, de donner et fournir, incessamment après la consommation du dit mariage, les biens maternels de sa fille et d'y joindre de plus, en bon argent, autant qu'il sera nécessaire pour faire que la somme fasse ensemble autant que le susnommé Henry de Groote a donné de dotte à sa seconde fille Caterine par le contract de mariage faict avec le sieur Daniel Moens. Promet de plus le sieur Henry de Groote de faire à ses despens le festin de nopces et d'habiller la future selon sa

---

1. Suivant M. Merlo, Henri Dusterloe avait épousé Marguerite Jabach, fille d'Arnt Jabach et de Catherine von Germersheim, troisième fils de Jean et de Catherine Van Aich, et Mathieu Dusterloe s'était allié à Catherine, sœur aînée de notre Jabach. La parenté des futurs nous est indiquée encore par une « dispense obtenue en cour de Rome pour le mariage du sieur « Jabach et de la dame de Groote en date du mois de septembre 1648, » marquée à l'inventaire des papiers.

condition et sa discrétion, sans rien rabattre de la dite dotte, et de plus de luy donner ce qui luy est escheu par droit de succession.

On est de plus convenu et a esté accordé qu'en cas qu'après la consommation du mariage l'un des deux futurs, soit espoux ou espouse, vinsent à mourir sans avoir laissé des enfans provenans d'eux deux, que le survivant prendra, dans les biens de la maison mortuaire qu'il croira les meilleurs et les plus apparans, premièrement tout ce qu'il a apporté dans ce mariage, avec ce qu'il luy est escheu de son costé, qu'il a héritté par testament ou qu'il a eu autrement durant le dit mariage. Outre cela la moitié de ce qu'ils auront acquis et gagné, épargné ou autrement, soit par l'industrie de tous les deux, ou d'un seul, de plus, tous les habits, toilles, joyaux, comme perles, diamans, rubis, coliers, pendans, bagues, et autres ornemens du corps qu'ils se seront donné l'un à l'autre ou qu'ils auront acquis autrement, comme pareillement toute la vaiselle et autres ouvrages d'orphèvrie, soit d'or ou d'argent doré ou non doré qui se trouveront dans la maison mortuaire, soit à Paris[1], ou icy ou autre part, appartenans à l'epoux ou espouze futurs, et à personne d'autres. Et, outre tout cela, en cas que le futur vint le premier à mourir sans enfans, comme dit est, la future prendra dans les meilleurs effets du futur, purement pour son douaire, la somme de six mille livres de gros, mais s'il arrivoit, au contraire, que la future vint la première à décéder sans enfans, le futur prendra dans les biens les plus liquides de la future la somme de 5,000 livres de gros, pour en disposer à sa volonté. Après quoy le survivant sera tenu et obligé de restituer, sans aucune contradiction, aux plus proches parents du premier mort qui se trouveront encore en vie, tous les biens du premier deffunt, soit meubles ou immeubles, qui se trouveront rester, soit qu'il les aye aportez, acquis ou qu'il les aye heritté pendant le dit mariage. En cas qu'un des deux futurs vint à mourir, en laissant un ou plusieurs enfans provenans d'eux, le survivant sera tenu de faire dans le temps d'une année un inventaire de tous les biens de la maison mortuaire. Les biens que le deffunt aura apporté dans ce mariage, ou qu'il aura hérité avec la moitié des acquisitions et conquets, demeureront aux enfans comme leur bien propre, à condition néantmoins que, tant que le survivant demeurera veuve, et sans se remarier, il aura l'administration et la pleine jouissance de tous les biens de la maison mortuaire, dont il élèvera et habillera les enfans honnestement et suivant leur condition, jusqu'à ce que ces enfans se marient avec le consentement du dit dernier vivant, ou qu'ils soient venus à l'âge de vingt-cinq ans. Et alors ledit dernier vivant sera tenu et obligé de donner

---

1. Jabach, on le voit, avait déjà une maison à Paris.

à chacun de ses enfans sa part dans les biens du deffunt, avec condition, néantmoins, qu'en cas qu'un ou plusieurs des dits enfans voulussent se résoudre à l'estat ecclésiastique et pussent estre dotté, à moins que la part qu'ils devoient avoir dans les biens du deffunt se pourroit monter, qu'il sera à la discrétion du dernier vivant de faire et conclure un tel accord qu'il trouvera bon et que les dits enfans recevront moins que les autres, accroistera aux enfans restans. Sy l'époux est le dernier vivant et se remarie, il sera tenu de séparer les biens de ses enfans et jouira gratuitement de la moitié des biens qui se trouveront, suivant l'estat qu'on en fera, appartenir aux enfans tant et sy longtemps que les dits enfans seront mineurs, de quoy il les fera élever, les entretiendra et habillera honnestement, suivant leurs conditions. Il jouira pareillement de l'autre moitié en leur faisant bon trois pour cent par an, à compter du temps qu'il sera entré dans de secondes nopces. Et ne sera tenu de leur faire bon ledit intérest que quand ses dits enfants auront atteint l'âge de vingt-cinq ans ou qu'ils se soient mariés de son consentement. Sy la future espouze estoit la survivante et qu'elle vint à se remarier, elle sera tenue aux mesmes conditions que dessus. Les enfans du dernier vivant, soit du premier, second ou troisième lit, partageront après sa mort en parties égales, sy ce n'est que le dernier vivant en eût disposé autrement, qui, néantmoins, ne pourra faire aucune disposition qui excède le tiers de ses biens.

En dernier lieu, on a trouvé bon et accordé que sy, après la dissolution du dit mariage, quelqu'uns des enfans provenans d'iceluy vint à mourir sans enfans ou sans disposition, que les biens qu'ils auront hérittez par la mort du premier décédé des deux futurs espoux succéderont au dernier vivant des dits futurs et les autres enfans provenans de ce mariage pour en faire répartition parmy eux par teste. Mais, sy le dernier de leurs enfans venoit à mourir dans le cas cy dessus mentionné, sçavoir, sans enfans et sans disposition, les biens qu'il aura hérité, tant par la mort du premier décédant des futurs que par celle de ses frères et sœurs, tombera, moitié au dernier vivant des deux futurs et moitié aux plus proches parens du premier deffunt des deux espoux nommez qui se trouveront en vie au temps de la mort du dit enfant.

Tous lesquels points et conditions promettent les parties contractantes d'observer parfaitement et fidellement, auquel effect ils engagent leur personnes et leurs biens, présens et à venir, meubles et immeubles, et, pour plus grande seureté, renoncent à toutes exceptions, coustumes des lieux, droit escrit, en quelques pays et lieux que ce puisse estre, qui puissent préjudicier au présent contract, et principalement aux droits qui veulent qu'une renonciation génералle n'est point vallable sy la spéciale ne la précède, le tout fait sans fraude, de quoy les comparans m'ont demandé une ou plusieurs copies.

Fait et passé à Cologne, dans la maison du sieur Henry de Groote, dans la Rhingasse, en présence des assistans cy devant nommez, et de Henry Kaels, et de Michel Heible, bourgeois de cette ville, comme tesmoins requis, et les dits sieurs contractans, assistans et tesmoings ont signé cet acte de leur main propre, sur mon protocolle enregistré.

Pour éclaircissement, je, soubzsigné, confesse que ma fille Anne Marie de Groote apporte dans ce présent mariage la somme de treize mil livres de gros. Nostre Seigneur leur veuille donner sa bénédiction. Le 22 octobre 1648, à Cologne.

Signé : Henry de Groote.

Je, soubzsigné, confesse que mes biens concistent maintenant dans le capital que j'ay dans la compagnie de commerce avec Pierre Hunthum, Henri Dinsterloo, Hans Corneille Linterbeck, Jean de Licht, conformément au contract passé avec eux l'année 1646, et de plus dans tous les biens meubles et immeubles à moy escheus, tant par la mort de mes père et mère que du depuis, par celle de ma sœur Wintselers, comme il est plus amplement spécifié sur mes livres, et aussy dans les profficts que j'ay faits depuis dans mon négoce, que j'apporte sans exception dans le mariage futur, priant Dieu de le vouloir bénir.

A Cologne, ce 22 octobre 1648.

Signé : Évrard Jabach.

Le jour de leur mariage, deux magnifiques compliments, imprimés avec figures, furent offerts aux nouveaux mariés par les neveux de Jabach, MM. d'Imstenraedt et de Brassart. Ce sont deux plaquettes extrêmement rares ; l'une a pour titre : « Epithalamion « quod nobili, ornatissimo, prudentissimoque viro ac domino « D^{no} Everhardo Jabach sponso, nec non nobili, ornatissimæ lec- « tissimæque virgini Annæ Mariæ de Grood sponsæ, cum anno a « partu purissimæ Virginis 1648, 25 octobris, applaudente Ecclesia « sanctissimo matrimonij sacramento in mutuum se amoris nexum « obligarent nobiles, ingenui optimæque spei adolescentes Fran- « ciscus, Gerhardus, Bernardus-Albertus, Everhardus, Joannes « ab Imstenraedt germani fratres hilariter decantabant. — Coloniæ « Agrippinæ, typis Henrici Krafft, 1648. » Sur le côté est une gravure au burin attribuée à Jean-Henri Löffler. Dans un jardin, les jeunes époux sont placés l'un en face de l'autre, se présentant la main. La fiancée est à gauche ; Jabach, en manteau à l'espa-

gnole, le chapeau dans la main gauche, est à droite. Leurs deux
cœurs sont percés d'une flèche; au milieu, l'Amour s'approche en
voltigeant et tient une bague et cette devise : *Quam diligo deligo*.
Aux bords et à leurs pieds sont les écussons[1] des deux familles;
en haut, trois figures allégoriques de femmes entourées de génies
faisant de la musique, puis une bande avec cette inscription :
« Quos copulat beatissima Trias fœlix nectit unio. » Suivent
sept feuillets de vers latins.

Le titre du deuxième compliment est : « ΕΡΩΣ ΚΑΙ ΑΝΤΕΡΩΣ,
« sive reciprocatio amoris mutui neogamorum nobilis et ornatis-
« simi domini Everhardi Jabach, nobilis item lectissimæque virgi-
« nis Annæ Mariæ de Groot, coloribus poeticis adumbrata ab aman-
« tissimis D. sponsi nepotibus Francisco supremæ grammatices in
« tricoronato Soc. Jesu gymnasio auditore, Everhardo, Mathia,
« Henrico Brassart, die qVo ChrysanthVs et DarIa apVD CoeLItes
« angeLIs auspICIbVs et pronVbIs nVptIas Lætlores CeLebra-
« rVnt. — Coloniæ, ex officina typographica Arnoldi Kempens,
« Reip. Colon. typographi. »

Sur le côté, un *Chronosticon : erIt tIbI*, etc. Sur la seconde
page une gravure de Löffler. Les fiancés sont représentés debout
sous des palmiers, dans un paysage entouré de hautes montagnes,
ayant entre eux deux génies qui portent les écussons des deux
familles. Ils échangent des questions, et l'écho leur répond. De la
bouche de Jabach sortent ces paroles : *M'aimes-tu, Maria ?* —
L'écho répond : *Ia !* — La fiancée demande : *Dois-je t'épouser ?*
— L'écho réplique : *Épouser !* — Suivent sept pages d'allégories
et de vers latins.

Ce n'est pas dans la maison des Jabach à Cologne qu'Éverhard
emmena sa jeune femme, mais à l'étranger, loin de ses parents.
Il n'avait pas l'esprit tranquille et prudent de son père, vrai com-
merçant qui, par son caractère laborieux, cherchait à augmenter
ses affaires et par un calcul prudent à fixer la fortune. Dans ses
voyages, il avait subi l'attrait des grandes capitales, où il se ren-
dait souvent et où sa maison comptait de nombreuses succursales.

---

1. Anne-Marie de Groote, femme d'Éverhard Jabach, banquier, bourgeois
de Paris, porte : « d'or, à une foy de carnation, parée de gueules mouvant
« des flancs de nuées d'azur, tenant une rose de même, tigée et feuillée de
« sinople, soutenue d'un anneau, aussi d'azur, posé en pointe, et un chef
« emmanché de deux pièces de sable. » (Bibl. nat., Cabinet des titres, armorial général, vol. Paris.)

C'est là qu'il apprit à connaître les œuvres d'art et les grands amateurs. C'est donc à Paris qu'il vint se fixer; lors de la fondation de la Compagnie des Indes orientales, il en devint un des directeurs [1].

Jabach et sa femme se firent naturaliser Français, car nous relevons à l'inventaire de ses papiers : « Lettre de naturalité accor-
« dée à feu sieur Évrard Jabach, du mois de mars 1647, registrée
« en la Chambre des comptes du 17 juin de la même année et au
« greffe de la Chambre du trésor du 19 juin de la dite année, et
« quittance de M. Landres, trésorier général des deniers extraor-
« dinaires. — Lettres de naturalité de dame Anne-Marie de Groote,
« femme du sieur Évrard Jabach, données au mois de février
« 1649, registrées à la Chambre des comptes et du trésor. — Tous
« les enfants dudit feu sieur Jabach sont nez depuis les lettres de
« naturalité des père et mère. » Il n'y a donc pas le moindre doute à avoir à ce sujet, d'autant que Jabach prend toujours la qualité de bourgeois de Paris.

S'il portait ce titre, c'est qu'il était devenu propriétaire. Nous trouvons en effet dans notre précieux inventaire : « Contract de
« vente de la maison sise rue Neuve-Saint-Médéric [2] et de trois
« autres petites adjacentes, qui ont esté démolies, faite par Jean-
« Baptiste Forne, Robert Sanson, François Custol, ès noms
« et pour leurs portions plus amplement desclarées au dit
« contract passé par-devant Langlois et Lemoine, notaires, le
« 16 octobre 1659, moyennant la somme de 104,000 l.; quit-
« tances des paiements faits en conséquence et sur le dit con-
« tract, où il est fait mention d'un contract de constitution de
« 2,100 livres annuelles que le sieur Jabach avoit fait et passé au
« profit du sieur Forne, pour demeurer quitte envers lui de la
« somme de 42,000 livres qui restoient à payer pour le prix de la
« dite maison. En marge est fait mention de 1,800 livres de
« rente, faisant partie de celle de 2,100 livres cy-dessus racheptées
« par le sieur Jabach, sçavoir 450 livres de demoiselle Françoise
« de Guébrat, par quittance du 12 janvier 1688, et 1,350 livres
« de dame Anne Isenberg, par quittance du 25 avril 1689. »

---

1. *De l'organisation des bibliothèques dans Paris,* par le comte de Laborde; quatrième lettre : le Palais Mazarin (Paris, 1845, in-8°), p. 17-18 et notes.

2. Là s'élevait une maison que Jean Gobelin le jeune avait eue à sa disposition sous Henri III.

En 1669, Jabach s'agrandissait; cela ressort du « contract d'es-
« change passé devant Galloys et Symonet, notaires, le 31 juillet
« 1669, entre le sieur Jabach et Pierre Bourlon et consorts, d'une
« maison sise rue Neuve-Sainct-Méderic, à l'enseigne du Mor-
« tier, à l'encontre de laquelle le sieur Jabach a donné une rente
« de 200 livres, faisant un principal de 4,000 livres, à luy cons-
« tituée par Jean Payrard, marchand tapissier, par contract passé
« par-devant Buon et Raveneau, notaires, le 21 juillet 1669[1]. »

La propriété de Jabach fut sujette à reculement en 1676, ainsi
que le prouve un « contract passé par Messieurs le prévôt des
« marchands et eschevins de la ville de Paris, par devant Symo-
« net et Galloys, le 14 juin 1678, pour le retranchement qu'on a
« fait de la maison de la rue Neuve-Sainct-Méderic, moyennant
« 1,100 livres. »

Cette demeure avait l'aspect d'un véritable palais. On en lit
la description dans le guide des étrangers de Germain Brice[2].
« Tous les plus habiles architectes ont donné des dessins pour
« son embellissement, dit-il, ce qui doit la rendre remarquable
« plus qu'aucune autre de Paris. Bullet, architecte de la ville, y a
« contribué plus que personne. Cette maison, dans toutes ses par-
« ties, peut passer pour une des plus belles qui se puisse voir[3]. »

Dans le « Recueil des plans, profils et élévations de plusieurs
« palais, chasteaux, esglizes, sépultures, grotes et hostels bastis
« dans Paris et aux environs avec beaucoup de magnificence par
« les meilleurs architectes du Royaume, desseignez, gravez et
« mesurez par Jean Marot, architecte parisien, » il y a sept plans,

---

1. Le 14 juin 1678, voyons-nous au minutier de M⁰ Caillet, « noble
« homme Évrard Jabach, bourgeois de Paris, demeurant rue Neuve,
« paroisse Saint-Médéric..., le Roi ayant ordonné l'élargissement de la rue
« Saint-Médéric..., pour cet élargissement, M. Jabach abandonne trois pieds
« du mur de la maison joignante, appartenante au sieur de la Brosse, au
« milieu de la porte cochère de la maison de Jabach..., faisant une super-
« ficie d'une toise 1/2, » et reçoit 1,100 livres d'indemnité.

2. Édition de 1687, t. I, p. 130.

3. N'est-ce pas à juste titre que Germain Brice reproche à l'hôtel le peu
de clarté des appartements et de ses « jardins serrés » ? Il dit aussi : « Bulet
« a plus fait aussi pour l'hôtel Jabach, où tous les nobles architectes ont
« donné leurs dessins, » et il loue la distribution heureuse des appartements
restaurés par Dulin.

Jabach devait louer plusieurs appartements dans sa maison, car nous
voyons à l'inventaire :

« Bail passé, le 25 janvier 1680, avec Monseigneur l'évesque d'Authun,

coupes et élévations qui donnent une idée de la splendeur de cette demeure. Ce sont le « Plan du rez-de-chaussée, comme les des-
« seins ont esté faicts par l'architecte. — Élévation de l'édifice.
« — Élévation de la demy-lune du dedans de la cour. — Éléva-
« tion du costé de la maison comme il a esté projeté et comme
« estoit la première pensée de l'architecte. — Élévation du devant
« de l'édifice. — Élévation du profil qui montre une partie des
« chambres avec le profil de la demi-lune. — Élévation du costé
« des jardins. »

Jabach avait aussi à Corbeil une grande manufacture de buffles ou tannerie pour l'armée; sa maison de Paris lui servait à la fois de dépôt et de bureaux; c'est là ce que dit le *Livre commode*[1] : *la manufacture de buffles pour la cavalerie est chez M. Jabach, rue Saint-Médéric.* M. Fournier déclare qu'il s'agit de peaux de buffles préparées, dont on faisait des justaucorps, des colletins, etc. Or, Jabach était cité comme le meilleur fabricant de ces produits, si on en croit le *Dictionnaire universel* de Savary, tome Ier, colonne 1132. D'après cet ouvrage, le négoce en question aurait commencé la fortune de Jabach à Paris. « La France, » lisons-nous

---

« par-devant Raveneau et Bouret, notaires, à commencer du jour de Pasques
« ensuyvant, pour le tems de trois années, pour les lieux et appartenans
« y nommez, moiennant la somme de 2,500 livres par année; on est convenu
« du depuis qu'il payera les loyers sur le mesme pied pendant qu'il sera à
« Paris, sçavoir qu'entrant dans un quartier commencé ou sortant devant
« que le quartier soit fini, il payera entièrement les dits quartiers, sur le
« pied de 2,500 livres, et, pour les quartiers qu'il ne sera point à Paris,
« il ne les payera que sur le pied de 1,250 livres par année.

« Bail de l'appartement qu'occupe M. de Vinx, fait sous seing privé,
« moyennant la somme de 750 livres par année, pour trois années, à com-
« mencer le 26 novembre 1695, date du présent bail. »

Et, au chapitre : débiteurs particuliers : « Monseigneur d'Authun doit,
« au dernier juin 1696, pour loyers escheus,   2,823 l. 3 s.

« Le mesme, pour loyers escheus au dernier juin 1696, sçavoir, pour
« l'année 1693, 1694, 1695 et six mois de 1696,   700 l. »

1. *Livre commode des adresses de Paris pour 1692*, par Abraham de Pradel, annoté par Édouard Fournier (Paris, librairie elzévirienne), t. I, p. 109. — Notre confrère M. Dufour a retrouvé dans la bibliothèque de Corbeil les lettres patentes concernant Jabach. Elles se trouvent dans un manuscrit de 1740 et précédées de ces mots : « La manufacture royale des
« buffles a commencé son origine et établissement à Corbeil en l'an 1667,
« et, pour en marquer la vérité, j'ai tiré copie du privilège du Roy, de l'an-
« née 1686, que le sieur Porcher, directeur de la dite manufacture, m'a
« confiée pour la transcrire. »

d'autre part, dans un passage du *Dictionnaire des arts et métiers* de l'abbé Jambert, tome Ier, p. 497, « est redevable à Colbert de « la préparation des peaux de buffles. Il y attira pour cet effet « M. de la Haye, de Hollande, et ensuite M. Jabach, de Cologne, « qui obtinrent un privilège exclusif pour établir leur manufac- « ture à Corbeil. »

Notre inventaire nous révèle sur cette fabrique quelques détails inédits. Nous voyons en effet, au chapitre intitulé : « Papiers « concernant la manufacture des buffles à Corbeil, » les indications suivantes :

« Lettres patentes données au mois de juillet 1667, signées par « le Roy, portant établissement d'une manufacture de chamois « dans la ville de Corbeil durant quinze années ;

« Traitté fait avec Monseigneur de Louvois pour le renouvel- « lement du privilège de la d. manufacture, en date du 11 jan- « vier 1686, pour trente années, moyennant la somme de 22,000 l. « payées en bufles [1] ;

« Lettres patentes pour le renouvellement du dit privilège, aux « conditions cy-dessus, lesquelles dechargent de la somme de « 35,000 livres, cy-devant advancée par le Roy, pour partie de la « construction du moulin, en date du mois de janvier 1686, avec « l'enregistrement du Parlement, Chambre des comptes et Cour « des aydes ;

« Coppie du traitté cy-dessus passé avec M. de Louvois pour « le renouvellement du privilège, en suitte de quoy est coppie de « l'ordre donné à M. Titon pour recevoir les 611 bufles, avec « quittance du dit M. Titon de la réception qu'il en a fait, passé « par devant Me Savalet, notaire, le 20 juillet 1688 ;

« Arrest du Conseil du 20 novembre 1692, qui descharge du « poids du Roy touttes les marchandises allantes ou provenantes « de la manufacture de Corbeil ;

« Bail fait avec M. le duc de Villeroy le 17 mai 1691, pour

---

1. Le 11 janvier 1685, le ministre promet à Jabach de lui obtenir du Roi, pendant trente ans, le renouvellement du privilège de la manufacture de buffles à Corbeil, accordé, en 1667, à Antoine de la Haye, au droit duquel Jabach avait été associé. Jabach s'engageait à fournir des buffles sans manches dont l'échantillon serait cacheté aux armes du marquis de Louvois, pour 36,000 livres, à payer 22,000 livres et à ne rien réclamer de 18,519 l. 15 s. déboursées par lui en sus des 35,000 accordées par le Roi pour la construction des machines, maisons et moulins.

« neuf années, de la place où est le moulin de la manufacture de
« Corbeil, moyennant la somme de 1,000 livres par an[1]. »

Nous avons rencontré de très nombreux contrats de fournitures passés par Jabach tant avec Louvois qu'avec différents chefs de corps. Et, en effet, dans l'inventaire après décès, nous voyons qu'il y avait à Corbeil pour 53,000 livres de marchandises, peaux, culottes, grenadières, etc. Dans le magasin de Paris, il y en avait pour 24,000 livres, et au total, en y comprenant les dépôts chez plusieurs correspondants à Lyon et à Strasbourg, pour 76,628 l. On évalue les « Bastimens et harnois du moulin de la manufac-
« ture de Corbeil à 60,572 liv. 10 d. »

La liste des débiteurs est fort curieuse. Ce sont MM. de Montlouet, de Montbrun, de Guilly, de Marsin, de la Feuillade, de Villacerf, de Flavacourt, de Salces, pour fournitures faites à leurs régiments. Il y a des billets du marquis de Béthune, de Roquépine, de Grignan[2], de M. de Stouppe, colonel des gardes suisses, du marquis de la Vallière, du marquis de Choiseul la Rivière, de M. de Saint-Germain, major des carabiniers, etc., des traites du régiment du prince d'Auvergne, du régiment de Marsilly, etc.

---

1. Ce bail devait être presque obligatoire, puisque ce puissant personnage était alors seigneur engagiste de Corbeil.

A Corbeil, on employait des peaux de vache, de bœuf et d'élan, de mouton, de buffle, etc., traitées à la potasse et à l'huile de foie de morue.

L'on fabriquait des poires à poudre en cuir bouilli à 6 livres pièce, des pulverins, des gibecières, des grenadières à 40 sols, des baudriers, des bandoulières, des ceinturons, des vestes d'élan et de mouton à 15 livres, des justaucorps de buffles à 30 livres, des gants à 2 livres la paire, des culottes à 6 livres, etc.

Les profits depuis l'inventaire du 8 août 1690 se montaient à 123,718 l. 7 s.

Mme Jabach avait à la manufacture un compte courant de 23,181 l. 5 s. 8 d.; M. E. Jabach un de 12,280 l. 18 s. 8 d.; Mme Fourment un compte de dépôt de 16,952 l. 9 s. Les enfants de Jabach avaient chacun un capital de 15,000 livres dans la manufacture.

2. Mme de Sévigné écrivait à Mme de Grignan, à la Noël de 1675 : « Pour
« Jabac, nous en sommes désolés; quelle sotte découverte, et que les vieux
« péchés sont désagréables ! » Il s'agissait d'une somme de 4,000 livres, due à Jabach comme complément d'une obligation faite à son profit par le comte de Grignan et sa première femme. Cette affaire ne fut terminée que le 31 mars 1677, au moyen d'une constitution de rente de 250 livres, après laquelle Jabach donna quittance. Suivant l'inventaire, le 17 juillet 1696, M. de Grignan devait 2,973 l. 10 s.

Parfois le nom du débiteur est accompagné d'une explication bizarre : « L'abbé Roquette, pour reste de deux bustes et deux « culottes d'élan, 414 livres. — Rennequin, pour une belle culotte « d'élan, pour la quelle il devoit fournir du charbon de terre, « 28 livres. » Le montant des créances à recouvrer rien que pour la manufacture de buffles s'élevait à 278,718 liv. 7 d.

L'inventaire se termine par l'indication des « meubles qui se « sont trouvés dans la maison nommée la Chaise, scituée à Cor-« beil, qu'on loue du fermier judiciaire des biens saisis sur les « héritiers de M. Tortoin[1]. » Il y avait là quelques tapisseries et un portrait de Jabach, de Larselière (*sic*), prisé 20 livres. Ce mobilier n'offre aucun intérêt.

Pendant son séjour à Paris, Jabach semble avoir eu fort peu de relations avec sa ville natale, si ce n'est quelques courses qu'il fit à Cologne, soit pour ses affaires, soit à l'occasion de rares événements de famille. On trouve cependant son nom, le 16 octobre. 1654, aux registres de baptême de Sainte-Colombe, où il fut parrain de la fille de son cousin Wickrath et où il signait : *Nobilis et ornatissimus dominus Everhardt Jabach*. Dans d'autres cas, au contraire, son absence est constatée par ses représentants, qui mettaient son nom à côté du leur. C'est ainsi que, le 9 octobre 1662, son beau-frère Henri de Groote faisant baptiser sa petite-fille Anna, le jeune Jacob de Groote, représentant Jabach, signait en son lieu. Le 26 juillet 1668, Jacob de Groote fut encore le mandataire de Jabach, lors du baptême, à l'église Saint-Pierre, de son neveu Jean Hunthum, qui devint plus tard bourgmestre.

Mme Jabach revint, au contraire, assez souvent dans son pays. Elle descendait dans la maison de Groote, et c'est là qu'elle mit au monde son second et son troisième enfant. On lit en effet, aux registres de Sainte-Colombe, la mention suivante :

« 1654, 28 octobris, nobilis et ornatiss. Dnus Everhardus « Jabach et Dna Anna Maria de Groitt obtulerunt ad baptismum « infantem cui nomen impositum Helena. Patrinus stabat nob. « et ornatis. Dnus Jacobus de Groitt, matrina Dna Helena Jabachs, « conjux d. consulis Brassart. »

« 1656, 13 septembris, in festo S. Materni, nobilis et ornatis. « Dnus Everhardus Jabach et matrona Anna Maria de Groitt, « conjuges, obtulerunt ad baptismum infantem cui nomen Ever-

---

1. Le nom de Tortoin est encore connu à Corbeil.

« hardus. Patrinus stabat ornatiss. D. Joannes Hunthum,
« matrina matrona Maria Vulpii, vidua D. Froment, pro Dna
« Maria de Groitt, vidua Woltheri Poschardt, Antverpiensis. »

Jabach avait encore d'autres affaires : non seulement il possédait le privilège de la messagerie de Liège en France, concédée au sieur Waldor en novembre 1651, rétrocédée à Jabach en 1688 pour le couvrir d'une somme de 114,094 liv. 11 s. 9 d. qui lui était due (inventaire), mais encore, suivant les minutes d'un ancien notaire, il aurait été directeur de la manufacture royale des tapisseries d'Aubusson : « Le 6 décembre 1671, la demoiselle Char-
« lotte de Verdalle sous-afferme au sieur Évrard Jabait (sic),
« conseiller du Roy, directeur de la Compagnie des Indes et de
« la Manufacture royalle establie en ceste ville d'Aubusson, résidant
« en la ville de Paris, absent, mais M⁰ Philibert de la Grange,
« commis en la dite Manufacture royale, présent et stipulant...,
« une maison située au quartier de l'Isle, pour l'espace de quatre
« années, et le prix de 90 livres chacune des dites années. » (Actes de M⁰ Finet, notaire à Aubusson.)

Nous ne savons ce qu'il advint de l'entreprise, ni jusqu'à quel point cette allégation est fondée[1]. C'est peut-être à elle cependant que se rapporte la lettre suivante[2] :

Paris, 16 septembre 1668.

Je viens de recevoir d'Auvergne douze pièces de tapisseries de différents patrons et prix qui ne vous déplairont pas. J'en attends encore davantage par la première charrette. Cette manufacture étant bien conduite vous donnera satisfaction assurément, comme je me promets que celle de Corbeil fait présentement, et aura l'honneur de vostre approbation lorsqu'il vous plaira en prendre l'inspection.

La fabrique de la colle y réussit aussy à merveille ; j'en ay fait venir des échantillons que j'ay donnés à différents menuisiers, qui la trouvent aussy bonne que celle d'Angleterre et incomparablement plus forte que celle de Hollande, dont on se pourra facilement passer doresnavant.

Je ne suis en peine que des douze caisses de tableaux que j'ai fait venir par vos ordres, Monseigneur, et qui sont parties de Cologne et

---

1. Voir les travaux de M. Cyprien Perathon, *Mémoires de la Société des sciences naturelles et archéologiques de la Creuse*, 2ᵉ série, t. II, VIIᵉ de la collection, 1ᵉʳ bulletin. Guéret, 1891, in-8°.

2. En partie publiée dans la *Correspondance de Colbert* de P. Clément, t. V, p. 520.

d'Amsterdam il y a plus de trois semaines, tant par terre que par mer, sans en avoir eu depuis aucune nouvelle. S'ils arrivent heureusement ici, je ne fais nul doute que vous y trouverez de très belles choses, la mémoire me restant toute fraische de quelques-uns que j'ai vus en Angleterre et trouvés alors fort beaux, il y a trente-trois ans, ce qui est bon signe.

Si M. Chelon vous va voir, comme il m'a dit le faire, je vous prie de l'inviter au payement de ce qu'il doit, dont je n'ay rien touché, quelque sollicitation et diligence que j'aye pu faire. Je suis aussi après à faire entrer la plupart des autres partis disposés pour m'en délivrer et avoir l'esprit en repos. Étant respectueusement, Monseigneur,

Votre très humble et obéissant serviteur.

JABACH [1].

Mais c'est surtout comme collectionneur que Jabach est connu. On le disait très connaisseur en objets d'art, et, à ce titre, il était en relations suivies avec Mazarin; il se faisait entre eux de nombreux échanges, et l'on accusait même à cette époque Éverhard de n'avoir pas pour les beaux-arts un amour absolument désintéressé [2].

Après l'exécution de Charles Ier d'Angleterre, le Parlement fit vendre ses collections aux enchères (1650)[3]. Jabach se rendit à Londres, où il rencontra les représentants du Roi et tous les grands amateurs d'Europe : l'Espagnol Don Alonzo de Cardenas, l'archiduc Léopold, les Reynst, les Gerbier, les de Critz, les Wrigst, les Van Leemput, etc. Aucun n'acheta comme Jabach. Les tapisseries les plus précieuses, les tableaux les plus estimés furent acquis par lui et rapportés en France. Le cardinal Mazarin s'en fit céder quelques-uns, et après sa mort ils passèrent en partie au Louvre.

C'étaient, dit M. Reiset [4], « des tableaux cités dans toute l'Eu-
« rope, d'une beauté et d'une importance au-dessus de tous les
« éloges... Si nous voulions essayer d'estimer aujourd'hui une
« seule de ces peintures, le Christ au tombeau, du Titien, par
« exemple, ou les Pèlerins d'Emmaüs, ou le Concert du Gior-

---

1. Bibl. nat., mss., Mélanges Colbert, vol. 148 *bis*, fol. 669.
2. De Laborde, *op. cit.*, p. 17.
3. Le catalogue de cette vente a été publié sous ce titre : *A Catalogue and description of King Charles the first's capital collection of pictures, limnings, statues, bronzes, medails and other curiosities, from an original mss. of the Ashmolean Museum at Oxford* (London, 1757, in-4°).
4. *Notice des dessins*, p. XVII-XVIII.

« gion... Sans nous arrêter à la valeur vraiment fabuleuse que
« prendrait aujourd'hui chacune de ces merveilles, nous voyons
« qu'on les appréciait déjà hautement alors, sinon à Paris, du
« moins à Londres. Malgré les malheurs de ces temps agités,
« Jabach, cédant à sa passion, avait payé à la vente de Charles Ier
« des prix relativement fort élevés...[1]. »

Jabach avait même beaucoup racheté à d'obscurs brocanteurs. Dès son retour d'Angleterre, son musée acquit une réputation européenne. Pendant dix-sept ans, l'hôtel de la rue Saint-Merry fut le rendez-vous des amateurs de tous les pays. Tout y était d'une qualité exceptionnelle, les tableaux comme les dessins, les bronzes comme les marbres. Jabach consacrait à ses acquisitions des sommes prodigieuses et une activité dévorante.

Éverhard entretenait d'amicales relations avec Mignard, Le Brun, Rigaud, Largillière, Van der Meulen[2]. Ce dernier fut même chargé par lui de reproduire la gravure à l'eau-forte de J.-A. Beaudoin, d'après un paysage de sa composition. Elle représente une contrée couverte de forêts et de montagnes, et dans le lointain se voit le carrosse du Roi à six chevaux ; en avant, trois cavaliers, après avoir adressé une question à un homme se tenant debout dans une attitude de respect, galopent après la voiture. Au-dessous de l'écusson de Jabach on lit : « Nobilissimo clarissimoque viro,
« domino D. Everhardo Jabach, artium omnium Mecenati exi-
« mio, A. F. Vandermeulen, » et, sous la bordure, « A. F. Van
« der Meulen, inv. et del. A. F. Baudoin sculpsit. Chez G. Scot-
« tin, rue St-Jacques, à l'Estoile. »

Jabach occupait aussi le peintre Jean Boulogne, qui avait un talent extraordinaire pour copier les anciens maîtres italiens, et il lui fit reproduire le Parnasse de Perino del Vaga. Ce tableau était si bien fait que, suivant Félibien, il était presque impossible de distinguer l'original de la copie[3].

Les dessins, encore plus peut-être que les tableaux, étaient

---

1. Voir plus loin, p. 23.
2. En 1648, Le Brun fit pour Jabach le dessin des tapisseries d' « Atalante « et Méléagre. » En 1655, Sébastien Bourdon, revenant de Suède, peignit pour lui deux tableaux, l'un « l'Entrée du Christ à Jérusalem, » l'autre « le « Portement de croix. » François de la Guestière grava plusieurs planches d'après les loges de Raphaël au Vatican et les fit paraître sous les auspices de Jabach, à qui il les dédia.
3. *Entretiens sur les vies et sur les ouvrages des plus excellents peintres anciens et modernes* (Trévoux, 1725), t. IV, p. 309.

fort recherchés par Jabach. Son intention avait été de faire graver tout ce qu'il possédait en ce genre. Il commença par les paysages, en choisissant de jeunes artistes comme les frères Corneille, Pesne, Rousseau et Macé. Ce n'est qu'après sa mort que les copies furent publiées, divisées en livraisons, qui, réunies, formaient un fort volume. Il y a six livraisons, désignées par les lettres A à F, chacune de 47 feuillets. Les exemplaires que Jabach avait distribués de son vivant sont tirés avant la lettre et ne portent pas de numéro d'ordre. La collection fut de nouveau tirée plus tard, sous ce titre :

« Recueil de 283 estampes, gravées à l'eau-forte, par les plus
« habiles peintres du temps, d'après les dessins des grands maîtres
« que possédoit autrefois M. Jabach, et qui, depuis, sont passés
« au Cabinet du Roy[1]. »

Ce recueil, conservé au Cabinet des estampes, est faiblement exécuté et offre peu d'intérêt.

En quittant Paris, Mazarin n'avait pas oublié ses collections, et il prescrivait à Ondedei « de voir ce qu'il pourra faire de « mieux avec Jabach et Bernardin pour mettre mes hardes en « sûreté contre quelque accident qui puisse arriver. »

Un collègue de Jabach dans la curiosité, Michel de Marolles, consacra à deux reprises différentes les quatrains suivants à vanter le cabinet de son confrère :

La Noue, intelligent et vénérable prestre,
Avec un bon esprit, connu sur ce sujet,
Fit des plus grands desseins un ample et grand projet,
Mais Jabac le surpasse, où nul n'ira peut-estre.

...... De tous ceux-là, chez nous on peut voir les modèles,
L'on en voit beaucoup plus chez le libre Jabac,
Enrichi du pays d'où nous vient le tabac,
Comme pour les desseins, tous ses soins sont fidèles[2].

L'amour pour les arts et l'ardeur pour les collections qui animait Jabach, au lieu de se maintenir dans des limites raisonnables, avait fait place à une passion insatiable, et c'est à peine s'il prenait conseil de ses ressources ; une œuvre d'art était-elle à

---

1. *Idée géneralle d'une collection d'estampes*, par le baron de Heinecken (Leipsick, 1771), p. 104-106.
2. *Le livre des peintres et des graveurs*, éd. Duplessis, 1855, p. 21 et 68.

vendre, c'était lui qui était au premier rang pour enchérir; aussi se trouva-t-il bientôt dans de grands embarras d'argent. Harcelé par ses créanciers, pressé « entre l'enclume et le marteau, » comme il le dit lui-même, il vit les mauvais jours arriver; il fallut se résigner à un douloureux sacrifice. Il avait vendu des tableaux à Mazarin, au duc de Richelieu[1]; bientôt ce fut le tour de la collection tout entière. Un seul personnage pouvait l'acheter; Jabach l'offrit au Roi de France. Il entra donc en pourparlers avec Louis XIV, et plusieurs lettres relatives à cette affaire, des 6, 7, 9, 16 février et 10 mars 1671, adressées au trésorier des parties casuelles, du Metz, sont conservées en tête du manuscrit français 869 de la Bibliothèque nationale[2] :

Ce vendredi 6 février 1671.

Je vous envoie, Monsieur, l'inventaire d'une des cincq collections pour sçavoir s'il est à vostre gré; les autres s'achèvent, et je vous prie de me faire sçavoir si, en vous envoiant une des collections que j'ay icy, vous trouverés à propos de m'en renvoier une de celles qui sont chez vous affin que j'en fasse pareillement faire l'inventaire et vous le renvoie après pour avoir l'autre et finir par ce moien-là. Je vous assure que c'est une besogne bien penible, mais il en faut faire une fin dans demain, Dieu aydant, quoyque j'aye de la pene à me soustenir debout, tant me trouvé-je foible des deux saignées qu'il m'a fallu soustenir pour contenter Messieurs les Medecins. Je reste, Monsieur, vostre très humble et obeissant serviteur.

Ce 7 février 1671.

Je feray donc tout partir demain de grand matin, conformément à la volonté de Monsigneur, et vous prie, Monsieur, de vouloir donner des ordres dès à ce soir à l'hostel de Grammont affin que quelqu'un s'y trouve pour les rescevoir et ranger. Je me donneray le bien de vous advertir demain comment les voiages auront succédé et vous suis cependant, Monsieur, vostre humble et obéissant serviteur.

Ce lundi 9 février 1671.

Je vous fis sçavoir hyer au matin, Monsieur, que le tout estoit parti et heureusement arrivé à l'hostel de Grammond nonobstant le mauvais

---

1. Du Poussin, le Ravissement de saint Paul, acheté à Scarron, pour qui il avait été fait en 1650. Voir A. de Boislisle, *Paul Scarron et Françoise d'Aubigné*, dans la *Revue des Questions historiques*, du 1ᵉʳ octobre 1893.

2. Nous les reproduisons, bien qu'elles aient déjà été publiées, sauf la première en date, par M. Reiset (*Notice des dessins... du Louvre*, p. ix et suiv.).

tems. J'ay esté du depuis deux fois chez vous pour avoir le bien de vous en entretenir plus particulièrement et rescevoir vos ordres sur ce qu'il reste à faire, sçavoir si trouvés à propos, Monsieur, que je me rende chez vous à quelque heure de ce jour, ou bien chez Monseigneur, ou bien à l'hostel de Grammond pour avoir l'honneur de faire la révérence à mon dit seigneur et estre présent à la vue qu'il prendra de ces meubles, ou bien si je ne m'y doibs point trouver du tout. De grâce là-dessus un mot de vos nouvelles.

Voicy un inventaire d'une autre collection des dessins, à ce soir, vous en aurés un troisième, et je reste cependant, Monsieur, votre très humble et obéissant serviteur.

Ce lundi 16 février 1671.

Je vous envoie, Monsieur, cy-inclus un estat de tous mes dessins, dont ceux marqués à costé sont présentement à l'hostel de Grammond, conformément vos ordres. Il y a aussi 101 tableaux spécifiés par le mémoire encore cy-joint, et le porteur vous délivrera un roulleau dans lequel il y a l'inventaire commencé de la collection de Rafaël à mettre au net et son brouillon. Je me donneray l'honneur de vous aller trouver à l'hostel de Grammond et de vous assurer combien je vous suis, etc.

Au mémoire des tableaux est arrivé un malheur de sorte qu'il le faut rescrire.

La dernière, du 10 mars, est ainsi conçue :

Sur l'espérance que vous me donnastes hyer, Monsieur, de voir bientost mon malheureux affaire des dessins et tableaux terminé, je vous envoie cy-joint encore un inventaire des 460 dessins qui font partie des 1,516 que j'ay mis sur le mémoire à 25 livres. Je donne au plus fin d'en trouver des pareils à 50 livres. Vous sçavé, Monsieur, qu'il y en a 5,542 en tout, desquels je pourrois facilement mettre 7 à 800 à part, qui, l'un portant l'autre, me reviennent à plus de cent escus pièce et en valent plus de 300 chascun, aussi ne doivent-ils pas passer pour dessins, ains pour des meilleurs et plus friands tableaux de l'Europe, lorsqu'ils seront embordurés, tout homme cognoissant vous le peut dire, et Monsieur Le Brun, mieux que personne, en ayant une cognoissance plus achevée. Vous y ferés telle réflection qu'il vous plaira, pourveu que me sortiez d'affaire, et qu'après tant de remise je puisse finalement sçavoir de quelle mort je doibs mourir, je seray contant. Le seul mal que j'y prévois est qu'ils sont et trop beaux et en trop grand nombre; s'ils estoi[en]t moins bons et en moindre quantité, leur prix aggréeroit d'advantage et feroit ma condition assurément meilleure; mais, comme je vais tousjours le grand chemin, je n'en ay rien voulu séparer, et y ay tout laissé, jusques aux copies que j'avois fait faire avec soin, pour m'en servir un jour au défaut des originaux ; vous les y trouverés aussi, et, voiant de quelle façon j'y vais, vous aurez, j'espère, la bonté de me rendre quelque justice et addoucir mon mal. Je parle à vous, Monsieur, ne cognoissant autre à qui m'addresser ; si M. Perrault estoit de mes juges, je le prierois de me traicter en ce rencontre icy en chrestien et non en more, et surtout de contribuer à l'achèvement d'un ouvrage qui a tant tresné et me donne continuellement et m'a donné tant de pene par là. Considérés, au nom de Dieu, que je me trouve entre le marteau et l'enclume, et que j'ay affaire à des gens avec qui il n'y a aucun quartier. Je vous en conjure derechef du fond du cœur, estant, Monsieur, etc.

A côté de ces lettres, nous avons dans le même volume l'estimation faite par Jabach de sa collection[1] :

2,631 dessins d'ordonnance collés, etc., à 100 l.		263,100 l.
1,516 dito	non collés, à 25 l.	37,900 »
1,395 dito	figures et textes, à 5 l.	6,975 »
101 tableaux reviennent à		155,450 »
Dessins restants chez nous		32,300 »
Diamants		22,000 »
Bustes, bas-reliefs et marbres		28,700 »
Grands bronzes		6,500 »
Meubles de la maison, vaisselle d'argent		12,800 »
212 planches gravées		15,300 »
	Total :	581,025 l.

Voici maintenant le détail des dessins :

École de Raphaël	640 pièces.
« Lombardie et Venise	448 »
« Florence	517 »
« Carrache et modernes	653 »
« Allemagne et Flandres	309 »
Copies d'après Raphaël et Jules [Romain], etc.	64 »
Dessins non collés estant le rebut de ma collection	2,911 »
Total :	5,542 pièces.

L'estimation de Jabach fut trouvée trop élevée et la note suivante, qui n'est ni signée ni datée, fut soumise à Colbert[2] :

Le prix que M. Jaback demande de ses desseins paroist exorbitant ;

---

1. Reiset, *Notice des dessins... du Louvre*, p. VIII.
2. Au dos, Colbert a écrit ces mots : « A M. Du Metz, qu'il m'en parle. » Cette note se trouve dans le même ms. fr. 869.

à la vérité, il y a quelques grands desseins de Raphaël, Julle Romain et autres grand maistres qui sont considérables, mais il y en a aussy quantité de ces mesmes maistres qui sont forts petits, où il y a peu de travail, et beaucoup de peu finis.

. . . .

Pour la rareté, il est constant qu'il n'y a point de collection de desseins semblable dans l'Europe, ny mesme qui en approche.

. . . .

On estime que l'on pourroit offrir 60 livres de chacun des 2,631 desseins d'ordonnances collées sur de la charte, qui reviendroyent à . . . . 157,860 l.

Des 1,516 desseins non collés, 10 ou 12 livres pièce, l'un portant l'autre . . . . 15,160 »

Et des 1,395 desseins de figures et testes, sur le pied de 3 livres pièce . . . . 4,185 »

Et à l'égard des 101 tableaux, l'on estime que l'on pourroit rabattre le tiers de ce que l'on demande; il resteroit : 103,634 »

Total : . . . . 280,839 l.

M. Reiset a raconté par le menu les longues négociations intervenues entre Colbert et Jabach, le ministre défendant avec âpreté les intérêts de son souverain, l'amateur déchiré entre sa passion et le besoin d'argent... Cependant, le malheureux banquier dut céder, et le marché fut conclu. Le Roi acquérait les 5,542 dessins et les 101 tableaux au prix dérisoire de 220,000 livres.

Nous trouvons à ce sujet, dans l'inventaire après décès de Jabach : « Copie de l'ordonnance de M. de Bartillat, de la somme « de 220,000 livres, pour payement de 101 tableaux et 5,542 des- « sins vendus au Roy, en date du 11 mars 1671. »

« Inventaire général des 5,542 desseins parafédrez de la main « du sieur Jabach, avec certificat de Messieurs du Metz et Le Brun, « que lesd. desseins ont esté livrez au cabinet de Sa Majesté, où « ils ont esté vériffiez par M. Le Brun, à qui ils ont esté remis en « datte du 1er janvier 1672. »

Ce dernier inventaire existe à la Bibliothèque nationale, fonds français 869, et nous nous bornerons à dire avec M. Reiset « qu'aucun musée public ou particulier n'en peut montrer l'équi- « valent[1]. »

---

1. D'autre part, il se trouve dans la bibliothèque du Musée du Louvre cinq volumes manuscrits, petit in-folio, reliés en veau brun, avec les armes

Malheureusement la perte de l'inventaire des tableaux ne permet pas d'en dresser la liste complète, mais en voici, d'après M. Bonaffé[1], les principaux :

Du Corrège, l'Antiope (Louvre, n° 28), et la Vertu victorieuse (n° 17).

Du Titien, le Christ porté au tombeau (Louvre, n° 465); les Pèlerins d'Emmaüs (n° 462); la Maîtresse du Titien (n° 471).

De Léonard de Vinci, saint Jean (n° 480).

Du Giorgione, Concert champêtre (n° 44); Sainte Famille (n° 43).

De Jules Romain, la Nativité (n° 293); le Triomphe de Titus et de Vespasien (n° 295).

De Perino del Vaga, les Muses et les Piérides (n° 369).

Du Guide, les Hauts faits d'Hercule (n°ˢ 335-338).

Du Garofalo, Sainte Famille (n° 420).

Du Caravage, la Mort de la Vierge (n° 32).

De Holbein, le Portrait d'Érasme (n° 208).

Tous les tableaux qui précèdent proviennent de la vente de Charles Ier.

De Paul Veronese, Suzanne (n° 98); Esther (n° 99); Éliézer et Rebecca (n° 110); Judith et Holopherne (au musée de Caen).

Du Poussin, le Ravissement de saint Paul (n° 433).

De Jules Romain, Vénus et Vulcain (n° 296).

Du Spada, le Concert (n° 410).

Du Dominiquin, sainte Cécile (n° 494), etc.

On dit alors, bien à tort, que Jabach s'était réservé les meilleurs tableaux. C'est une erreur, répétée par Joly, garde du Cabinet des estampes du Roi, dans une lettre du 7 septembre 1775, et plus tard par Dumesnil, par Heinecke, et surtout par Mariette; ce dernier pour faire valoir les tableaux qu'il avait acquis.

Ce sont là des tableaux cités dans toute l'Europe, d'une beauté et d'une importance au-dessus de tout éloge. L'affaire avait été excellente pour Louis XIV, déplorable pour Jabach, qui avait payé à Londres 2,091 livres sterling pour sept tableaux[2], prix

---

de France poussées en or sur les plats, qui contiennent une copie de cet inventaire des dessins, dont l'original était signé par Jabach et par Le Brun. La susdite copie est datée de 1696, collationnée et certifiée conforme par Houasse, alors garde des tableaux de la couronne (Cf. Reiset, *Notice*, p. xiv).

1. *Dictionnaire des amateurs français*, p. 143.
2. Voir Reiset, *Notice*, p. xviii.

d'acquisition bien supérieur à la moitié de la somme versée par le Roi pour 101 tableaux! L'Antiope du Corrège, payée 5,000 livres, avait coûté 1,000 livres sterling à Jabach, qui avait aussi payé 1,000 livres sterling le Marsyas qui lui fut acheté 4,000 livres et 600 livres sterling la Vénus del Pardo, du Titien, acquise pour 10,000 livres[1] !

Cette acquisition était pour Louis XIV de la plus haute importance. Il était le premier roi de France qui eût créé une galerie de tableaux des principaux maîtres de toutes les écoles, et, pour obtenir ce résultat, Colbert et Le Brun furent les inflexibles exécuteurs des volontés de leur maître. Les prédécesseurs du Roi avaient à peine laissé une centaine de toiles ; celles de Jabach, en venant s'y ajouter, formèrent le noyau de la galerie du Louvre ; tant qu'on admirera la Mise au tombeau, du Titien, le Concert, du Giorgione, ou la sainte Catherine, de Raphaël, le souvenir de Jabach restera cher à la France.

La nécessité où s'était trouvé Jabach avait donc entraîné pour lui les plus cruels sacrifices, et, cependant, il restait au nombre des meilleurs amateurs et des plus ardents collectionneurs. Une importante partie de ses œuvres d'art lui demeurait encore, entre autres, les sculptures, les bronzes précieux et surtout les *dessins restant chez nous.*

Sa position financière s'étant peu à peu améliorée, il recommença à collectionner, principalement les dessins et les tableaux, que ses héritiers recueillirent après sa mort et dont nous avons été assez heureux pour retrouver l'inventaire, publié plus loin en appendice.

On voit encore son nom cité dans la liste des *Fameux curieux des ouvrages magnifiques*, du *Livre commode*, édition de 1692. Dans *Paris ancien et nouveau*, il est ainsi signalé : « La maison « du sieur Jabac est dans la rue Saint-Merry ; elle est considé- « rable pour les bons tableaux qu'on y voit, et le maistre s'y con- « noît le mieux de Paris. » Ce que l'on y voyait est précisément la collection dont nous possédons le catalogue.

Jabach mourut dans son hôtel à Paris, le 6 mars 1695. Son acte de décès, relevé jadis à Saint-Merry, est conçu en ces termes : « Éverhard Jabach, cy-devant directeur de la compagnie des Indes

---

1. Voir les *Comptes des bâtiments du Roi*, publiés par notre confrère M. Guiffrey, à l'année 1671, t. I, p. 291.

« orientales et bourgeois de Paris, décédé le 6 mars 1695, inhumé
« le 8 dudit mois, en cette église. Ont été présents : Henri Jabach,
« marchand banquier, bourgeois de Paris, son fils; Léonard
« Aubry, conseiller au parlement, ami. »

On a plusieurs portraits de notre collectionneur; le graveur parisien Michel Lasne (appelé aussi *Asinius*) exécuta le portrait de Jabach. Il le représente jusqu'aux genoux, appuyé sur une colonne qui est à sa droite, la tête nue, les cheveux tombant jusqu'aux épaules; il est couvert de son manteau; au-dessous sont ses armes avec cette devise : « Vivit post funera virtus; » au-dessous, on lit : « Nobili et ornatissimi domini Everhardi Jabach. » — « Michael « Asinius delineavit ad vivum et sculpsit, anno 1652. » Suivant M. de Laborde, ce portrait est « en buste dans un ovale. »

Un jeton d'argent fut frappé à son effigie en 1665 [1]. On a dû se servir de la gravure de Lasne, d'après le tableau de Van Dyck, car Jabach y a la même posture et les mêmes vêtements. L'exergue porte la même devise et la date de 1665; au verso sont les armes de Jabach [2].

Nous connaissons deux de ces jetons, l'un en cuivre, dans la collection d'Affry, à la Monnaie, l'autre en argent, au Cabinet des médailles.

Dans l'inventaire des poinçons laissés par Nicolas Petit, directeur du balancier des médailles, à Nicolas de Launay, qui fut

---

1. Sur les jetons de Jabach, voir un article de M. F. Mazerolle dans le *Bulletin de numismatique et d'archéologie*, 1886, t. VI, p. 7.

2. Nous lisons ainsi les armes de Jabach sur le jeton : Écusson armorié surmonté d'un casque de face, orné de ses lambrequins, couronné d'une couronne allemande (un fleuron et une perle alternés), ayant pour cimier un Pégase issant d'or, à la foi mouvant des nuages d'azur, placée aux flancs de l'écu, tenant une pensée au naturel, accompagnée en chef de deux pointes renversées ou piles d'azur et en pointe d'un annelet.

Rietstap, dans son *Armorial général*, p. 548, donne les armes suivantes à la famille Jabach : « d'or, à deux bras mouvant chacun d'une nuée d'azur, « supportant ensemble une pensée au naturel, couronné d'or et placé entre « un vol d'azur et d'or, chaque aile chargée de la pensée. »

Suivant M. Merlo, il faut les blasonner : sur champ d'or, deux bras de carnation, sortant de nuages d'azur, tiennent leurs mains entrelacées, soutenant un quintefeuille (dont deux sont violettes, deux bleues et une jaune); l'une des manches est de gueules et l'autre de sinople, toutes deux avec des manchettes blanches, un anneau d'azur en pointe. En chef, deux dentelures de sable renversées.

pourvu de cette charge le 25 juin 1697, il est mentionné : « Éver-« hard Jabach, célèbre négociant, né à Cologne vers 1695, ledit « poinçon numéroté 647¹. » Ce poinçon a pour auteur Warin, directeur du balancier du Louvre jusqu'en 1672.

Combrouse, dans ses *Monumens de la maison de France*, a donné le dessin du jeton de Jabach (planche 29, n° 5), avec une notice aussi courte qu'insuffisante.

Le portrait de Jabach fut aussi exécuté par plusieurs grands peintres. Van Dyck l'a fait deux fois². L'un se trouvait dans la collection Crozet; l'autre est au musée de Cologne : Jabach est représenté de grandeur naturelle, jusqu'aux genoux, dans un fauteuil rouge, le buste en avant, la tête tournée de trois quarts vers la droite. Dans la main gauche il tient des gants.

Un autre portrait le montre tourné vers la gauche avec un paysage au fond.

Le musée de Cologne possède un portrait de Jabach par Rigaud. Il est représenté dans un âge avancé, coiffé d'un bonnet et couvert d'une robe de nuit. Ce tableau avait fait partie de la collection Toselli, puis de celle de l'avocat Adolphe Nuckel.

On a vendu, en 1865, sous le n° 268 du catalogue de la collection de M. Joseph Essingh, de Cologne, un portrait de Jabach, en ovale, aussi de Rigaud. Ce portrait lithographié figure au frontispice du catalogue de vente rédigé par M. J.-M. Heberle³.

Un vrai chef-d'œuvre est le portrait de la famille Jabach par Le Brun. Ce tableau est décrit dans l'ouvrage d'Anne Schopenhauer : *Excursion dans la vallée du Rhin et en Belgique*, et Gœthe en parle longuement⁴. Il était dans la maison de la rue des Étoiles, à Cologne, et se trouve aujourd'hui au musée de Berlin⁵.

---

1. Arch. nat., KK 960.
2. De Pils nous dit, dans son cours de peinture : « Jabach était l'ami de « Van Dyck, qui a fait trois fois son portrait. » J. Guiffrey, *Van Dyck*, 1882, p. 202.
3. On trouvait encore dans la même collection deux portraits d'Éverhard Jabach, père de notre Éverhard, et de sa femme, Anne Reuters, exécutés en 1600 (n° 71 du catalogue de vente).
4. *Poésie et vérité*, XIVᵉ livre, p. 585 du vol. IX des Œuvres complètes publiées à Hildburghausen en 1870. — Voir aussi *Trésors d'art du Rhin, Main et Neckar*, même édit., t. XI, p. 347.
5. Ce tableau de Le Brun est resté dans la maison Jabach de Cologne jusqu'en 1835 et a été acquis en 1837 par le musée de Berlin, où il porte

Jabach eut quatre enfants : *Anne-Marie*, — *Hélène*, dont nous ne connaissons pas le sort, — *Éverhard*, nés à Cologne ; — et *Henri*, né à Paris. Comme, sauf Anne-Marie et Henri, ils n'ont pas habité Paris, nous n'aurons pas à nous appesantir sur eux.

Anne-Marie Jabach, née le 8 avril 1661, suivant la mention de M. Amyot, curé de Saint-Merry, eut pour parrain Olivier Picqueur et pour marraine Geneviève Coquille.

Le 17 octobre 1671, « prænobilis ac virtuosa virgo Anna-Maria « Jabachs » fut marraine en l'église de Sainte-Colombe, lorsque son cousin Henri de Groote fit baptiser son fils Nicolas, qui devint lui aussi bourgmestre de Cologne.

Elle épousa[1] Nicolas Forment ou Fourment, que l'on disait être parent d'Hélène Forment, la seconde femme de Rubens. Une famille distinguée de ce nom demeurait depuis longtemps à Cologne, et Jean Fourment avait signé au contrat de mariage d'Éverhard Jabach et d'Anne-Marie de Groote.

---

aujourd'hui le n° 471. Jabach y est représenté dans une pièce de sa maison de la rue Saint-Merry, avec sa femme et ses quatre enfants. Le tableau a 2ᵐ75 de haut et 3ᵐ50 de large. Il est certainement une des meilleures toiles du maître. Tous les personnages sont de grandeur naturelle; Jabach est assis à gauche, enveloppé d'une robe de chambre d'où sortent ses jambes vêtues (*sic*) de bas bleus. Il montre un buste de Minerve en bronze doré; à ses pieds, des in-folios, des sphères, des objets d'art sont épars. Sa figure, du type allemand, est pâle et longue, mais assez fine de traits et intelligente. Il porte de longs cheveux blonds à la mode du temps, mais ce n'est pas une perruque, ce sont bien ses cheveux, bouclés à leur extrémité. A droite, tout le groupe de la famille : sa femme, assez jolie blonde, mince, coiffée avec boucles à la Sévigné, long corselet de velours très décolleté; au-devant d'elle, sa fille aînée, d'environ douze ans, ravissante fillette, qui par la tournure et le minois a l'air d'un Greuze ; derrière elle, le jeune fils, âgé d'environ dix ans, est penché sur une chaise et écoute la dissertation du père sur le buste de Minerve ; à côté de la mère, sur le canapé, le dernier, tout nu, est assis sur des coussins; enfin, à l'extrémité droite, la seconde fille, à peu près du même âge que l'autre, se tient debout et clôt le groupe. Dans le fond, tapisseries, grands rideaux de velours, un portrait du peintre Le Brun, qui atteste son intimité avec Jabach, car il est là comme de la famille ; en somme, c'est un tableau complet de l'intérieur du savant amateur, Allemand de naissance, Français de cœur. (Nous devons la description de ce tableau à l'obligeance de M. le comte de Moüy.)

1. M. Merlo donne la date, 14 septembre 1675. — Anne-Marie Jabach, veuve de Nicolas Forment, porte : « d'argent, à une dextrochère de carna-
« tion, mouvant du flanc d'une nuée d'azur, tenant cinq espis de bled d'or
« au-dessus d'une pièce de bled de même, posée à senestre sur une terrasse
« de sinople, herminée d'azur. » (Bibl. nat., Armorial général.)

Notre inventaire nous donne : « Copie du contract de mariage
« du sieur Nicolas Froument et de dame Anne-Marie Jabach, du
« 30 novembre 1671, reconnu par acte ensuitte passé devant Bes-
« nard et Raveneau, notaires à Paris, le 13 juin 1672, de laquelle
« dame Anne-Marie Jabach la dote est liquidée par l'acte dont la
« teneur ensuit. — Pour eclaircissement du deuxième article de
« ce contract, nous promettons de donner à nostre fille, Anne-
« Marie Jabach, pour subcistance du mariage après la consomma-
« tion d'iceluy, en deniers comptans, la somme de 2,000 livres
« de gros, et encore pareille somme de 2,000 livres de gros un an
« après, en cas que le sieur Froument, futur époux, se rende propre
« au négoce. — Fait à Paris, le 30 novembre 1671. — Signé :
« E. Jabach et Anna-Maria de Groot[1]. »

Par son testament, du 20 janvier 1697, Anne Jabach, veuve
Fourment, déclare vouloir être enterrée à Saint-Merry; elle laisse
aux pauvres 100 livres, dont est chargé Éverhard, exécuteur tes-
tamentaire. Le reste va à sa fille. M. Clément de Ris la fait mourir le 17 décembre 1706[2].

Henri. — Ce dernier fils de Jabach avait continué la manufacture de Corbeil, car, outre le bail de 1701, que nous avons cité
plus haut, nous trouvons, dans le minutier de M. Caillet, le
24 mars 1696, que Henri Jabach, directeur de la fabrique de
buffles, demeurant rue Saint-Médéric, promet à François de la
Tour d'Auvergne, colonel d'un régiment de cavalerie, de lui four-

---

1. Le 15 avril 1707, Marc Remigaud-Montois, écuyer, fils de Marc Remigaud-Montois, conseiller, secrétaire du Roi, maison et couronne de France
et de ses finances, et de feue dame Françoise Garnier, demeurant rue
Neuve-des-Petits-Champs, épousait Marie-Jacqueline Fourment, majeure,
fille de feu Nicolas Fourment, bourgeois de Paris, et d'Anne-Marie Jabach,
demeurant rue Saint-Médéric; on ne voit aucun parent paraître à cet acte,
qu'honorèrent de leur signature Chamillart, Nicolas Desmarets-Maillebois,
Robert-Michel Le Pelletier des Forts, etc. (Minutier de M. Caillet). — Remigeau de Montoy (Marc), conseiller secrétaire du Roi au parlement de Tou-
louse, résigna cet office en 1691. Il se pourvut, près de trente années
plus tard, d'une charge de conseiller au parlement de Metz, fonctions dans
lesquelles il fut installé le 18 mai 1720. Il mourut vers 1727. (*Biographie
du parlement de Metz*, par Emmanuel Michel. Metz, 1853.) — Il faut rec-
tifier cette note : Marc Remigeau de Montoy résigna en 1691 son office de
secrétaire du Roi au parlement de Metz; un autre que lui, Jacques Remigeau de Montoy, fut reçu conseiller en cette cour le 18 mai 1720; il mourut
en 1727.

2. *Les Amateurs d'autrefois* (Paris, 1877, in-8°), p. 135.

nir deux cent trois vêtements complets de buffles, moyennant 8,327 livres; qu'en 1698 il fait marché avec le régiment des cuirassiers du roi pour trois cent quarante-sept collets de buffles à 36 livres pièce. Nous ne savons absolument rien de lui, et M. Merlo semble avoir ignoré son nom. Suivant M. Clément de Ris, il mourut le 7 janvier 1703, à quarante-huit ans.

Éverhard Jabach, fils de notre Éverhard, quoique naturalisé Français, était resté fidèle à sa ville natale. En 1688, il fut élu membre du conseil de Cologne. Dans les premiers mois de 1696, il se trouvait à Paris pour réaliser l'héritage paternel. De là, il écrivit plusieurs fois à son cousin Nicolas de Groote, resté à Cologne; une de ses lettres dit, en parlant des œuvres d'art de son père : « Les festes ont un peu interrompu nostre vente, ayant
« ammené tout le beau monde alla campagne. Je ne sçay sy
« nous la recommencerons, à cause que cela tirera alla longue et
« donne une si furieuse occupation....; mais je croy plus tôt
« que, pour avencer besoigne, nous partagerons les tableaux res-
« tants. »

Une autre fois, on apprend que ses sœurs sont à Paris. Le 31 mars, après des salutations à la famille de Groote, il ajoute : « Mes sœurs en font de même. » Il signait simplement *Jabach*[1]. Le 22 novembre 1696, il fut nommé membre de la corporation des monnayeurs de Cologne. En 1712, il obtint le droit de vote au Sénat; en 1718, il figure sur la liste des sénateurs sous le nom de « Éverhard von Jabach. » En 1721, il entrait pour la dernière fois au Sénat et mourait le 3 mars de la même année. Il avait épousé Marie-Madeleine-Adèle Peltzer. Son portrait, à l'âge de quinze ans, a été peint par Poltgieser, de Cologne; il est représenté en Apollon terrassant le dragon; ce tableau appartenait il y a trente ans à M. Oedenthal, peintre à Cologne.

Éverhard eut six enfants : Éverhard-Joseph; — Gérard-Michel; — François-Antoine; — Jean-Engelbert; — Henri-François; — Anne-Marie.

Éverhard-Joseph fit ses études au collège des Jésuites de Cologne

---

1. Suivant notre inventaire : « Le contract de mariage de Éverard Jabach
« avec Marie-Madelaine-Adélaïde Pelzen (*sic*) est en date du 31 mars 1681,
« et, en conséquence, ses parents lui donnent 15,000 livres. » Le 16 juillet 1696, il reconnaissait avoir reçu d'eux des diamants achetés de la veuve Lintz 236 livres, une croix de diamants achetée au sieur Lorin 330 livres, etc., qu'il s'engageait à rapporter à la masse de la succession.

et y reçut une éducation scientifique. Il épousa Marie-Esther, fille du bourgmestre Théodore de Dulmen. En mars 1721, on le trouve membre de la corporation des monnayeurs. En 1724, il dirigeait la maison de banque Jabach à Livourne; sur la liste des sénateurs, son nom est effacé avec cette mention : « Obiit 10ma augusti 1742. » Dans les partages, il est encore mention de la maison de Paris.

Gérard-Michel, non marié, habitait Livourne en 1726 et dirigea longtemps le comptoir Jabach à Cologne. Il était très lié avec le comte Antoine-Marie Zanetti (né à Venise en 1680), célèbre par sa collection d'objets d'art et par son talent de graveur, lequel lui dédia une reproduction de la Mélancolie du Parmesan avec ces mots : « Et caro et hilari amico G^{ho}-M^1 Jabach, Franc. « Parmensis Melancholiam dedicat et donat Ant^{us}-Mª Zanetti. « 1726. »

Jean-Engelbert embrassa l'état ecclésiastique. Homme d'une science profonde, il avait fait ses études à Rome au *Collegium Germanicum*. Il fut chanoine de l'église collégiale des saints Maurice et Sévère, capitulaire de l'archevêché de Cologne, puis président de la Cour royale. Il fut nommé chancelier de l'Université de Cologne, et le pape lui octroya la dignité de protonotaire. Lui aussi collectionna les objets d'art et réunit une riche bibliothèque dont tous les livres portent un ex-libris à ses armes.

François-Antoine ne se maria pas non plus et fut banquier à Livourne, où il mourut. Il était possesseur d'un grand nombre de dessins provenant de son grand-père, qu'il fit vendre en Hollande. On trouve un catalogue in-8º intitulé : *Catalogo della raccolta di celebri dissegni che trovansi appresso Francesco Antonio Jabach in Livorno*. Ce sont peut-être ceux-là dont Mariette dit[1] : « Monsieur Jabach, dont le nom subsistera pen- « dant longtemps avec honneur dans la curiosité, en vendant au

---

1. *Description sommaire des dessins des grands maîtres d'Italie du cabinet de feu M. Crozat*, par J. Mariette (Paris, 1741). — En 1772, l'impératrice Catherine acquérait la collection de Crozat. Diderot écrivait à ce sujet à Falconnet : « Je viens de consommer une affaire importante : « c'est l'acquisition de la collection Crozat, augmentée par ses descendants « et connue aujourd'hui sous le nom de Galerie du baron de Thiers. Ce « sont des Raphaël, des Guide, des Poussin, des Van Dick, des Schidone, « des Carlo Lotti, des Rembrandt, des Wouvermans, des Teniers, etc., au « nombre d'environ onze cents morceaux. Cela coûte à Sa Majesté Impériale « 460,000 livres. Ce n'est pas la moitié de sa valeur. »

« Roy ses dessins et ses tableaux, s'était réservé une partie des
« dessins, et ce n'était pas certainement les moins beaux. M. Cro-
« zat les acquit de ses héritiers. » Il mourut le 10 février 1761.

Anne-Marie mourut jeune, non mariée. Par son testament, du
23 juillet 1722, elle légua ses biens à ses frères, en avantageant
toutefois le chanoine. Après elle, nous ne trouvons plus trace de
la famille Jabach.

Il nous reste un mot à dire, pour terminer, des destinées dernières de la demeure de notre célèbre collectionneur.

L'hôtel Jabach a été très mutilé et très morcelé; les titres de propriété, que M. Labouret, le propriétaire actuel, nous a confiés avec la plus extrême bienveillance, ne nous ont rien appris de précis. Nous voyons cependant, parmi les divers propriétaires :

François-Antoine Jabach, bourgeois de Middelbourg en Irlande (*sic*), confirmé dans sa propriété par arrêt du Parlement du 28 juillet 1755, et mémoire pour A. Jabach, de Middelbourg, contre les receveurs des domaines sur la propriété de l'hôtel Jabach, rue Neuve-Saint-Merry, 1761.

Georges-Pierre Villette-Frédéric (*sic*), conseiller secrétaire du Roi, maison, couronne de France et de ses finances, demeurant à Verneuil en Normandie, logé rue du Champfleuri, à l'hôtel d'Enghien, et Marie-Françoise Dreux-Duradier, en 1778.

Martial Delépine, sieur du Marneuf, subdélégué de l'intendance de Moulins.

Jean Giros, négociant, et Catherine Gruslé. — Michel Martin.

Giroud de Villette, directeur de la fabrique de papiers peints de Madrid et décorateur du roi d'Espagne.

Pierre Néron et Aglaé Mérat, qui, en 1824, s'associèrent à Jean-Joseph Rougevin pour l'exploitation de cet immeuble qui, en 1837, appartenait à Marie-Joséphine Durey, veuve de Louis-Joseph Mulier.

Au XVIIIe siècle, les membres de l'Académie de Saint-Luc y tinrent leurs expositions. Le 6 juin 1832, l'insurrection fit du passage un théâtre de luttes sanglantes. Aujourd'hui, quoique recrépie de plâtre et badigeonnée à la chaux comme les maisons environnantes, la maison de Jabach conserve, sous ce triste enduage, des lignes architecturales où un œil exercé découvre facilement les restes d'un hôtel du XVIIe siècle. Un avant-corps, donnant sur la rue Saint-Merry, au n° 42, et percé d'une porte cochère accostée de deux pilastres accouplés, ouvre sur une cour resserrée; au fond, le principal corps de logis est percé de trois larges fenêtres et élevé de deux étages : un premier, dont les ouvertures ont été coupées en entresol, un second, avec des fenêtres en attique, les ailes rejoignant l'avant-corps et répétant la disposition du pavillon central. Des modifications postérieures à l'époque de la construction en ont altéré la physionomie sans toutefois en modifier sensiblement l'ensemble; une voûte, servant de dégagement à l'escalier, traverse le pavillon d'outre en outre et va couper à angle droit un passage qui aboutit au n° 108 de la rue Saint-Martin, sous le nom de Passage Jabach. Cet hôtel, si beau jadis, est devenu une sorte de phalanstère où vivent et prospèrent, les uns à côté des autres, une foule d'industriels les plus divers.

APPENDICE.

I.

Mémoire, Estats, Inventaire et Règlemens de droits dans la famille de feu sieur Évrard Jabach et de dame Anne-Marie de Groot, sa veuve, du 17 juillet 1696.

Reconnu devant Caillet, notaire, le dernier octobre au dit an, et mis au rang des minuttes du dit Caillet, sous la date du dit jour, dernier octobre 1696, et dont expédition a esté délivrée à la dame, fille de la dite dame Fourment, le 26 septembre 1724, et des trois pièces annexées ou jointes aux dits mémoire ou estats, cottées les dites trois pièces par le dit Caillet, notaire.

Mémoire de Tableaux et autres effects appartenant a deffunt noble homme Évrard Jabach, directeur de la Compagnie des Indes, et a Madame sa veuve.

Premièrement :

Tableaux.

N° 1. Veue de la ville et des environs de Paris. 40 liv.
2. Couronnement d'épine, dans la manière des Caraches, avec trois boureaux, grand quasy comme le naturel, cy 50 liv.
3. Entrée de Nostre Seigneur dans Hierusalem, de Bourdon[1]. 515 liv.
4. Le Portement de croix, du mesme. 50 liv.
5. Dessein collé sur toille à la pierre noire, rehaussé, martire saint Laurent, grand quasy comme le naturel, cy 4 liv.
6. Veue d'un temple avec quelques figurinnes, de Blanchet. 50 liv.
7. Paisage avec des figures jouantes à frapemain, de M. Forest[2]. 32 liv.
8. Dessein à la plume collé sur toille; sur le devant un chasseur à

---

1. *En marge, comme toutes les mentions suivantes :* 1696, 9 avril, vendu.
2. 1696, 11 avril, vendu.

cheval tenant un fusíl qu'on voit par derrière, dans un grand paisage de Paul Brill. 5 liv.

9. Nostre Seigneur pris prisonnier et saint Pierre frappant Malchus, grand comme le naturel, de Bassan. 20 liv.

10. Trois grands aigles avec quelques autres oiseaux. 7 liv.

11. Paisage où un homme embrasse une femme et deux valets tiennent des chevaux, de Georgeon, cy 400 liv.

12. Paisage; sur le devant un grand arbre renversé, sur le derrière trois femmes qui portent des pacquets, dont la première a un habit rouge, de Fouquière. 40 liv.

13. Bataille des Impériaux et des Turcs, de Daniel Falconne[1]. 20 liv.

14. Paisage de l'Enfant prodigue, de Moll. 80 liv.

15. Portrait du roy Édouard enfant, en détrampe, de Holbeins. 200 liv.

16. Grand dessein de Polidor collé sur toille, d'un Bachanal et sacrifice. 6 liv.

17. Marchande de poisson qu'un homme tient par derrière; elle tient une carpe dans un chaudron, de Vanbeuelen, cy 20 liv.

18. Nostre Seigneur mangeant chez les Pharisiens où la Magdelaine luy lave les pieds, après Paul Véronèse. 60 liv.

19. Suzanne sollicit[é] de deux vieillards, demy-corps, grand comme le naturel, après le Guide, cy 25 liv.

20. Paisage où Apollon poursuit Daphné, de Francisque, après Poussin. 100 liv.

21. Nourriture de Bacchus, qui est entre trois femmes nues, de Francisque, après Jules Romain, cy 20 liv.

22. Paisage; une jeune fille assise à terre, se lavant les pieds, ayant derrière elle une vieille femme pareillement assise, de Francisque, après Poussin. 200 liv.

23. Couronnement de la Vierge avec quantité d'anges. 60 liv.

24. Adoration des bergers; sur le devant un grand berger jouant de la musette avec un bonet rouge, après Annibal Carrache. 50 liv.

25. Paisage avec une chute d'eau; sur le devant, des gens qui mangent[2]. 7 liv. 15 s.

26. Saint Jean-Baptiste au désert, debout, de Francisque, après Titien. 30 liv.

27. Le Roy à cheval, de Was. 20 liv.

28. Grand paisage; sur le devant des pêcheurs, une femme sur un cheval blanc et une barque de musiciens, de Forest, de Francisque, après le Dominiquain. 200 liv.

---

1. On en a fait présent à nostre frère aisné.
2. 1696, 3 avril, vendu.

29. Saint Jean-Baptiste assis à terre, comme le naturel, après le Carache. 15 liv.

30. L'ermitte aborde les bergers, de l'autre costé, une femme parmy des moutons, de Mrs Coipel, le père, et Forest, après l'Albane, cy
100 liv.

31. La servante qui accuse saint Pierre devant la garde, 1/2 figures grandes comme le naturel, après Valentin. 40 liv.

32. Triomphe de Vespasien et de Tite, après Jules Romain, après l'Albane. 30 liv.

33. L'ermitte abordant les bergers; de l'autre costé une femme parmi des moutons [1]. 129 liv.

34. Visitation de Nostre-Dame à sainte Élisabeth, 1/2 figures grandes comme le naturel, après Salviati. 20 liv.

35. Lucresse qui se poignarde, grande comme le naturel, après le Guide. 20 liv.

36. Un Pape qui entend la messe, au bas différentes personnes à genoux, après Raphaël, cy 40 liv.

37. Hercule combattant Anthée. 25 liv.

38. Le mesme tuant le centaure qui enlève Déjanire, après le Guide. 25 liv.

39. Le mesme combattant l'hidre. 25 liv.

40. Le mesme sur le bûcher. 25 liv.

41. Mercure qui aprend à lire à l'Amour et Vénus debout, toutes trois figures nues grandes comme le naturel, après Corège. 15 liv.

42. Bachanal; sur le devant une femme nue endormie et deux femmes qui donnent à boire à Bacchus enfant, du Poussin. 200 liv.

43. Philis et Amarillis jouant de la flûte, avec trois amours endormis auprès d'un arbre, après Titien. 40 liv.

44-45. Ornemens en forme de bordure autour d'un fond brun, dans lequel volent des petits oiseaux. 20 liv.

46-47. Ornemens de légumes, choux, asperges, oignons, etc., autour d'un fond brun, du mesme maistre. 20 liv.

48. Un agneau sur une table, habillé, deux pastés, un jambon, etc.
10 liv.

49. Quantité de poisson; sur le devant une anguille et une tortue avec beaucoup de taches rouges à la teste et aux pattes. 10 liv.

50. Une table, avec un cochon de lait habillé auprès d'un chien; sur le derrière un cocq d'Inde rôti dans un panier et quantité de gibier lardé pendu au crocq, cy 10 liv.

51. Quantité de poisson; sur le devant une tranche de saumon avec une raye renversée. 10 liv.

---

1. 1696, 12 avril, vendu.

Les huit derniers tableaux, nos 44 à 51, sont de mesme grandeur et mesme maistre.

52. Vierge, 1/2 figure, grande comme nature, qui lit dans un livre apuyé sur un pupitre ; elle tient le petit Jésus en chemise debout sur ses genoux, qui regarde une hirondelle, après Carache.   60 liv.

53. Vierge fuyante en Égypte avec saint Joseph ; elle porte son petit enfant emmalliotté et endormi à qui un petit ange présente une fleur ; 1/2 figures, grandes comme naturel, de Francisque, après le Guide, cy   40 liv.

54. Adoration des pasteurs ; sur le devant saint Joseph s'apuyant sur son baston, à genoux ; de l'autre costé des bergers dont le premier, qui est à genoux, tient devant luy un petit garçon, de Francisque, après le Guide, cy   100 liv.

55. Adoration, comme dessus, d'un inconnu[1].   24 liv.

56. Une Vierge tenant le petit Jésus tout nud, sur ses genoux, qui se tourne vers saint Joseph pour prendre des cerises dans sa main.
     50 liv.

57. Grand dessein sur papier collé sur toille ; sur le devant une teste de chameau et au milieu trois hommes se promenant en habit long.
     1 liv.

58. Veue du port de Naples[2].   5 liv.

59. Trois soldats jouans des instrumens de musique, un quatrième beuvant avec une femme qui joue du tambour de basque ; 1/2 figures, grandes comme le naturel, de Valentin.   25 liv.

60. Paisage en long ; sur le devant un homme qui se promène avec deux femmes ayant un fusil sur l'épaule, de Raphaël du Temple[3].
     7 liv. 15 s.

61. Portrait d'un homme habillé en noir avec une calotte de mesme, ayant une grande croix rouge sur l'estomac, une main sur son poignard et dans l'autre un livre, 1/2 figure grande comme le naturel.
     10 liv.

62. Portrait du vieillard le Magre en habit noir, teste nue ; il tient dans sa main ses gands, de Francisque, après Vandereck.   30 liv.

63. Paisage ; sur le devant un paysan assis qui parle à un homme en manteau qui est debout, de Fouquière.   20 liv.

64. La Vierge ayant son filz sur ses genoux, qui regarde un homme à genoux devant luy, avec une sainte, saint Sébastien et saint Joseph, 1/2 figures, cy   100 liv.

65. Cocqs de bruyère qui se voyent par devant et par derrière avec d'autres oiseaux morts autour, de Francisque.   6 liv.

---

1. 1696, 4 avril, vendu.
2. 1696, 3 avril, vendu.
3. 1696, 7 avril, vendu.

66. Paisage; sur le devant Adonis mort et à son costé Vénus qui parle à un petit amour qui descend du ciel, plus loing trois amours se joüant avec un lévrier, de Bolognese[1].   66 liv. 10 s.

67. Paisage; sur le devant trois chasseurs de canards, de Raphaël du Temple[2].   7 liv. 15 s.

68. Paisage en long avec une montagne, et avec un fanal, battu du costé de la mer, de Forest, après Rubens.   30 liv.

69. Europe enlevée par un taureau blanc; elle est renversée sur le dos et tient d'une main un voille sur sa teste, du Titien.   100 liv.

70. Suzanne assise sur un genoux, se couvrant d'un voille blanc qu'un vieillard lui arrache, tandis que son camarade saute par dessus la balustrade, après Hannibal Carache.   50 liv.

71. Joseph adoré de ses frères.   125 liv.
72. Ses frères montrent sa veste à leur père.   125 liv.
73. Les dits amenés prisonniers avec la coupe.   125 liv.
74. Pharaon donnant audiance.   125 liv.
75. Joseph mis dans la cisterne.   125 liv.
76. Il explique les songes aux prisonniers, cy   125 liv.
77. Il voit en songe les gerbes, le soleil et la lune.   125 liv.
78. Ses frères reçoive[nt] leur payement des marchands.   125 liv.
79. La femme de Putiphar le veut arrester, cy   125 liv.
80. Songe de Pharaon.   125 liv.
81. Joseph traitte ses frères.   125 liv.
82. Son triomphe.   125 liv.

Ces douze derniers tableaux sont d'Holbeins.

83. Paniers de fruit avec un peroquet vert attaché à une branche; sur le devant un écureuil, de Snider.   30 liv.

84. Un singe tenant un panier de fruit, avec une grande écrevisse de mer dans un plat de fayance, du même Snider.   40 liv.

85-86. Pots de tulipe sur bois, dans une bordure noire.   1 liv.

87. Semelé qui accouche de Bacchus avec quatre femmes demi-nues, en haut Jupiter et Junon, après Jules Romain.   20 liv.

88. Pallas amenante une nourrice à Bacchus, avec deux amours grimpans sur un arbre, et un faune cueillant du raisin, d'après Jules Romain.   20 liv.

89. Un homme tenant d'une main un lièvre et de l'autre des canards, demi-figure, de Tintoret, cy   20 liv.

90. Un homme poissonnier, 1/2 figure en chemisette rouge, ayant devant luy du poisson, du mesme, et mesme grandeur.   20 liv.

91. Paisage; sur le devant une Égiptienne parlant à un passant, de Montbre.   8 liv.

---

1. 1696, 6 avril, vendu à M. La Forest.
2. 1696, 3 avril, vendu.

92. Panier de fruit renversé avec quantité de raisins et pesches ; sur le derrière des raisins et grenades sur une table, de Hans [1]. 14 liv.
93. Paisage ; sur le devant un homme à cheval demandant le chemin à un paisan. 8 liv.
94. Héron pendu à un croc, ayant autour de luy des pigeonneaux et des poulets morts. 6 liv.
95. Une femme endormie qu'un satire amoureux veut retourner, en haut un amour tirant une flèche.
96. Paisage ; sur le devant un homme sur un cheval pie parlant à une femme, auprès d'un paisan, portant sur son dos un panier, qui se repose, cy 6 liv.
97. Énée parmy les bois cherchant le rameau avec la sibylle. 10 liv.
98. Paisage d'un bois ; sur le devant une grande eau avec un arbre renversé [2]. 30 liv.
99. Paisage avec une grande rivière faisant une cascade par des pierres qu'il rencontre ; sur le devant une femme et deux hommes menans un asne, de Fouquière [3]. 30 liv.
100. Portrait d'une femme, 1/2 corps, tenant d'une main ses cheveux, ayant derrière elle un homme qui tient un miroir, grande comme nature, après Georgeon. 15 liv.
101. Un prédicateur, avec quantité de figures, habillé à la manière des anciens Flamands, sur bois, de Lucas, cy 15 liv.
102. Le mangeur de poids, en camisole rouge, 1/2 figure grande comme le naturel, ayant devant luy un plat avec des pieds de cochon, de Francisque, après Carache. 30 liv.
103. Paisage avec une grande eau, bordée d'un troupeau de vaches et moutons, s'estendant en long ; sur le devant un berger habillé de rouge, qui s'apuye sur un baston et garde quelques chèvres, de Francisque, après Poussin. 200 liv.
104. Panier de fleurs apuié sur deux citrouilles. } 20 liv.
105. Vazes de fleurs auprès d'un grand pot de fayance, pareils.
106. Vénus assise, tenant le pied sur une nimphe qui luy tire sa chausure ; elle juge une nimphe qu'on luy amène qui se trouve grosse ; sur le derrière deux nimphes assises qui s'embrassent, de Francisque, après Hanibal Carache. 120 liv.
107. Vénus qui trouve Adonis mort ; elle n'a qu'un voille bleu qui luy voltige sur le corps ; auprès d'elle, son chariot attelé de deux colombes menées par un amour, après Lanfranc. 20 liv.
108. Le jugement de Pâris, où Mercure, qui s'appuie sur son genoul, lui donne la pomme d'or ; sur le haut un amour avec un flambeau qui

---

1. 1696, 4 avril, vendu.
2. 1696, donné à M. Sandra.
3. 1696, 10 avril, vendu.

voltige; le soleil levant, Castor et Pollux à cheval et Jupiter regardant, copie de Francisque[1]. 60 liv.

109. Vénus assise sur son char, que trois nimphes coiffent; elle tient son miroir et l'Amour ses pierreries, après Hanibal Carache.
20 liv.

110. Un autre de mesme. 60 liv.

111. Un autre de mesme. 20 liv.

112. Diane aux bains, debout et toute nue; elle menace Actéon, et devant elle deux nimphes à genoux qui se cachent d'un voile blanc.
4 liv.

113. Adoration des Rois; le second desd. a, à sa droite, un homme armé, et le troisième est le More qu'on voit de frond, est habillé à la turc avec une ceinture blanche. 20 liv.

114. Le déluge; sur le devant une femme nue renversée sur le dos qu'un homme tâche de retirer; un autre homme et une femme noyez flottent sur l'eau et d'autres montent sur des arbres, cy 40 liv.

115. La Magdelaine couchée sur une natte, ayant sous elle une teste de mort, dans un paisage où est une chutte d'eau. 8 liv.

116. La Magdelaine, 1/2 corps, grande comme nature, ayant les mains croizez sur sa poitrine, cy 4 liv.

117. Un soldat tenant un petit enfant sur son bras et trois femmes autour de luy, avec plusieurs soldats devant et derrière qui le défendent, devant un fleuve couché, de Poussin. 50 liv.

118. Nostre Dame qui regarde saint Jean-Baptiste assis tenant son agneau; elle donne son fils à un homme à genoux qui a un manteau rouge avec un habit brun, après Titien. 20 liv.

119. Adoration des pasteurs; sur le devant saint Joseph debout, un vieil berger en habit bleu ayant un sac qui luy pend sur la ceinture, à genoux, et Nostre Dame à genoux qui découvre son filz; au haut une lumière avec deux anges annonçans aux bergers. 4 liv.

120. Paisage; sur le devant un homme en manteau jeaune qui demande le chemin à deux hommes presque nuds qui se reposent à l'ombre, après le Gaspre[2], cy 3 liv. 15 s.

121. Saint Joseph travaillant sur un estably, au bout duquel est le petit Jésus et Nostre Dame assise qui coust, après Hanibal Carrache.
20 liv.

122. Le festin du mauvais riche sous une arcade; sur le devant le pauvre Lazare à qui deux chiens lèchent les pieds, après Paul Veronese. 300 liv.

123. Portrait de Rimbrands, ayant un linge blanc autour de sa teste, 1/2 figure grande comme le naturel, de luy-mesme. 100 liv.

---

1. 1696, donné à M. Sandra.
2. 1696, 6 avril, vendu.

124. Saint François à genoux devant un crucifix qui est sous un toit de paille et trois anges dans la nue, après Dominiquain. 6 liv.

125. Portrait sur bois d'un homme teste nue avec un grand rabat, un habit noir et une boette de diamans devant, de Vandereck. 150 liv.

126. Port de mer avec quantité de batteaux ; sur le devant un homme qui menne deux bœufs et un asne, ayant son chien avec luy, de Vanderkable, cy 3 liv.

127. Veue de la place Saint-Marc où la seigneurie va en procession ; sur le devant quantité de bateaux, de Paul Veronese. 60 liv.

128. Deux bécasses et deux martinets parmy des ronces, de Du Fetz. 7 liv.

129. Une femme couchée estonnée de voir Jupiter qui vient du ciel, de Testlin. 5 liv.

130. Deux hommes emportans un mort au pied d'une piramide, esquisse de Benedetti. 5 liv.

131. Nostre Dame présente son filz à saint Simon ; saint Joseph qui est derrière tient un cierge et une jeune fille deux pigeons dans un pannier, après Paul Veronese. 30 liv.

132. Une esguière sur une boitte et quantité de verres sur une planche, de Hent. 6 liv.

133. Une table avec une coupe dorée, sur le costé une tasse de nacre de perle sur un pied d'or, parmi beaucoup de verres à boire, de Kalff, cy 5 liv.

134. Petit paysage ; sur le devant un grand arbre avec un paysan en chemisette rouge sur un asne, accompagné d'un autre qui porte un sac, de Randu[1]. 15 liv. 10 s.

135. Serpens et crapeaux ; sur le derrière une chauve-souris, ditto. 8 liv.

136. Pâris assis ayant son chien près de luy, à qui Mercure aporte la pomme, après Carache. 6 liv.

137. Enlèvement d'Europe, un amour la suit, sur un dauphin, et deux autres, dont l'un porte des flèches et l'autre un carquois, volant en l'air, sur toile collée sur bois. 50 liv.

138. Un hibou avec deux grandes oreilles et la teste, du Paustre. 4 liv.

139. Faucon blanc qui crie avec deux autres derrière luy. 4 liv.

140. Deux faucons blancs branchez et chapperonnez. 4 liv.

141. Faucon blanc entre deux éperviers branchés. 4 liv.

142. Faucon blanc au milieu de deux autres dont on ne voit que la teste. 4 liv.

---

1. 1696, 13 avril, vendu.

143. Hibou blanc avec la teste d'un autre.
144. Trois faucons communs sur un tronc d'arbre, dont deux se tourne[nt] le dos. } 4 liv.[1].
145. Faucon blanc de costé regardant en l'air avec deux communs derrière. 4 liv.

Les huit derniers tableaux, du n° 138 jusqu'au 145, sont du mesme.

146. Paysage; sur le devant un peu d'eau auprès de deux ou trois arbres. 5 liv.

147. Le Pape assis avec quelques pères de l'Église et quelques evesques; sur le devant un grand jeune homme ressemblant à saint Jean l'Évangéliste qui parle à des personnes derrière luy, après Raphaël[2]. 40 liv.

148. Nostre Seigneur aparoist à la Madelaine qui le veut oindre de parfums qu'elle tient dans une boette; il tient une besche à la main, après l'Albane[3]. 24 liv.

149. Une poule et pouletz et trois pigeonneaux auprès d'un plat d'eau, de Vanbouele[4].

150. Paysage; sur le devant un berger assis jouant de sa flûte, sur bois, de Rubens. 300 liv.

151. Autre tout de mesme sur toille, coppie de Francisque. 30 liv.

152. Paisage; sur le devant une grande allée d'arbres avec une prairie. Ce tableau n'est point encore finy; il est sur papier, collé sur bois, peint à l'huille, de Rubens. 5 liv.

153. L'Invention de la Croix, que trois personnes tirent d'un trou, en présence de sainte Héleine. 3 liv.

154. Paysage en long; sur le derrière une grande cane avec un chasteau. 2 liv.

155. Paysage; sur le devant un pont de bois, à demy caché dans les arbres une chutte d'eau. 2 liv.

156. Paisage; sur le devant une rivière où un homme assis dans des roseaux pêche à la ligne; sur le derrière un homme avec une femme auprès d'une maison[5]. 4 liv.

157. Mulet chargé de bagage sur lequel sont deux cocqs, des moutons, un dindon, etc., de Benedete, je dis copie dud. 6 liv.

158. Paisage avec une eau et quantité de cerfs, avec des ornemens figurés autour, en détrampe, de Roso Ferrenteno. 1 liv.

159. Paisage de la chasse du cerf; il est gasté et est au reste comme le précédent. 10 s.

---

1. 1696, 3 avril, vendu.
2. 1696, 3 avril, vendu.
3. 1696, 4 avril, vendu.
4. 1696, 7 avril, vendu.
5. 1696, 12 avril, vendu.

160. Paisage ; sur le devant deux cerfs qui se battent et un de tué, de mesme maistre, et pareils ornemens. 2 liv.

161. Paisage ; d'un costé de grands arbres et derrière deux satires assis sur une montagne auprès d'une cascade d'eau, de Francisque, dans la manière du Titien. 10 liv.

162. Paisage, dans l'éloignement des montagnes escarpées, de l'un desquels sort une grande fumée ; sur le devant une petite rivière, comme dessus. 6 liv.

163. Paisage ; sur le devant un grand arbre ; plus loing une ville, avec un berger qui menne des moutons, comme dessus. 5 liv.

164. Autre tout de mesme, aussy de Francisque, cy 4 liv.

165. Saint Jean-Baptiste dans le désert priant Dieu, à genoux, les coudes appuyés sur une roche, ayant son agneau dormant à ses pieds ; dans l'éloignement une ville qui avance dans la mer, de Francisque, dans la manière du Titien. 10 liv.

166. Paisage ; sur le devant trois lavandières près d'un ruisseau, plus loin un homme qui ayde une femme à passer une planche au-dessus d'une grande chute d'eau, avec quantité de figures de chasseurs, pêcheurs et autres figures, de Coipel le père, paisage de Forest, après Carache. 60 liv.

167. Cabaret, avec beaucoup de gens qui se réjouissent ; sur le devant un masque habillé en noir qui danse avec une paysanne et un autre joue de la guitare, de Jamiel, cy 150 liv.

168. Copie du dit tableau. 12 liv.

169. Autre copie du mesme[1]. 33 liv.

170. Panier de fleurs sur une table d'où sort une fleur bleue au travers des battons, de Baudesson. 10 liv.

171. Pot de jasmins et œillets de terre avec une feuille de vigne ouvragée. 3 liv.

172. Saint Hierosme à genoux, le corps my-nud, tenant d'une main le crucifix et une pierre de l'autre. Il se tourne pour parler à deux anges qui descendent du ciel, de Francisque, après le Dominiquain[2]. 80 liv.

173. Saint Hierosme assis n'ayant qu'un manteau rouge ; il tient sa teste appuyée sur son bras et lit dans un livre, de Francisque, après le Carache. 20 liv.

174. Un autre du mesme. 15 liv.

175. Fuitte en Égipte, où Nostre Dame assise au pied d'un arbre tient son petit Jésus endormy ; elle a deux petits anges qui volent au-dessus sa teste et deux anges devant elle à genoux qui adorent son fils ; saint Joseph lie son asne à un arbre. 100 liv.

---

1. 1696, 5 avril, vendu.
2. Laissé à Hélène Jabach.

176. Autre du mesme. 100 liv.
177. Autre du mesme. 5o liv.
178. Femme nue qui se peigne et un satire derrière un arbre, qui la regarde, après Carache[1]. 9 liv.
179. Vénus qui se tire l'épine du pied ; elle est assise sur un manteau bleu, après le mesme, cy 3 liv.
180. Vénus se reposant sur les genoux d'Adonis qui la carresse. 5 liv.
181. Vénus allant dans une coquille sur les eaux et tenant ses cheveux dans la main. 5 liv.
182. La mesme, assise au pied d'un arbre, qui regarde une playe qu'elle a au sein[2]. 9 liv.
183. La mesme se promenant sur un dauphin qu'elle tient par la nageoire et Cupidon sur un poisson qu'il frappe d'une flèche. 5 liv.
184. Moyse auprès du buisson ardent, après Raphaël. 5 liv.
185. Poliphème jouant de la flutte, assis sur un rocher, et Galathée se promenant sur les eaux avec deux nimphes, après Hanibal Carache, cy 5 liv.
186. Jacob donnant sa bénédiction, après Raphaël. 5 liv.
187. Une femme assise se jouant avec une licorne. 5 liv.
188. Hercule portant le monde au milieu de deux personnes assises à terre[3]. 5 liv.
189. Le Déluge ; sur le devant un homme sur un cheval blanc se couvrant la teste d'un manteau, et un autre tirant une fille par les cheveux et ayant un petit enfant dans ses bras, après Raphaël. 5 liv.
190. Hercule assis de frond entre deux femmes qui représentent la vertu et le plaisir, après Carache[4]. 10 liv.
191. Mercure enlevant au ciel une femme qui a les bras croisés, après Raphaël[5]. 16 liv.
192. Loth sortant de Sodome avec sa famille, après le mesme[6]. 16 liv. 15 s.
193. Jupiter sur une nue baisant l'Amour, comme dessus. } 32 liv.[7]
194. Pandore enlevée par deux amours, après le mesme. }
195. La Vierge, demie-figure, tenante d'une main son filz dormant sur une table et faisant signe au petit saint Jean de ne le point eveiller, après le Carache. 60 liv.
196. Un austre de mesme[8].

---

1. 1696, 13 avril, vendu avec n° 182.
2. 1696, 13 avril, vendu avec n° 178.
3. 1696, 10 avril, vendu.
4. 1696, 10 avril, vendu.
5. 1696, 12 avril, vendu avec les n°ˢ 193, 194.
6. 1696, 10 avril, vendu.
7. 1696, 12 avril, vendu avec n° 191.
8. 1696, 10 avril, vendu.

197. Paisage; sur le devant un bout de rocher avec quelques petits arbres et deux grosses pierres, de Francisque. 5 liv.

198. Saint Jean baptisant; sur le devant un homme en chemise qui tire ses bas, après le Dominiquain, cy 40 liv.

199. Nostre Dame assise dans un paisage, donnant à tetter au petit Jésus emmaillotté, qui la carresse; elle a sur sa teste trois chérubins, et à son costé saint Joseph, reposant[1]. 70 liv.

200. Femme tenant un bouclier de couleur grise, dans une niche dorée, de Parmesan. 40 liv.

201. Mercure tenant son caducée et aiant une cigogne à ses pieds, de mesme couleur, pareil au premier dud. Parmesan. 40 liv.

202. Portrait d'un homme avec une calotte bordée de blanc; il a une fraise avec un collier d'or fermé d'une boucle sur un manteau blanc. 20 liv.

203. Enlèvement d'Europe; elle tient d'une main le taureau par la corne, et de l'autre par la teste; deux dieux marins la précèdent; à son costé un amour sur un dauphin. 25 liv.

204. Un autre tout de mesme, mais plus petit, cy 8 liv.

205. Martire sainte Catherine, qu'un boureau découvre; tout auprès un autre boureau qui tient l'épée, avec quantité de figures. 30 liv.

206. Nostre Dame ayant sur ses genoux le petit Jésus, qui donne sa bénédiction à saint François, qu'un ange luy présente, dans l'éloignement, des portiques, cy 10 liv.

207. La mesme, assise, ayant sur ses genoux le petit Jésus qui prend des cerises que saint Jean-Baptiste luy présente dans une serviette, tandis qu'elle prend des langes dans un berceau. 20 liv.

208. Saint Jean-Baptiste preschant au pied d'une roche, avec quantité de figures et trois hommes qui passent l'eau dans un batteau, après Dominiquain. 30 liv.

209. Nostre Dame entre dans un batteau, appuyée sur la main de saint Joseph; l'asne paist à costé, après Hanibal [Carrache]. 30 liv.

210. Divers oiseaux, demoiselles, canes, dindes et oiseaux royaux, etc. 5 liv.

211. Nostre Dame assise au pied d'un arbre et tenant sur ses genoux le petit Jésus endormi, ayant à chascun de ses costez un ange qui l'adore; saint Joseph lie son asne de l'autre côté, en rond, cy 8 liv.

212. Rond, d'un pot de fleurs de pierre, sur lequel est la figure d'une femme assise, tenant un pot dans sa main; sur l'ance la figure d'un jeune homme finissant en ornemens, de Baudesson. 5 liv.

213. Saint Hierosme sur un genoux, tenant un crucifix attaché à un très grand baston, sur bois. 15 liv.

214. Un homme dans une maison de desbauche, avec deux

---

1. 1696, 7 avril, vendu.

femmes, dont l'une a le verre à la main, et une vieille qui apporte un pot de vin ; sur bois, grand presque comme nature, demy-figure. 20 liv.

215. Une Rébecca au puis, à qui on présente un bracelet, après Paul Veronese. 10 liv.

216. Un Pape à genoux sur un carreau, entre deux anges, dont l'un lui soutient la main ; au-dessus de sa teste est le Saint Esprit, après Hanibal Carache[1], cy 44 liv.

217. Ecce homo, après Guide, 1/2 figure comme le naturel. 6 liv.

218. Notre Dame de Pitié, — — 6 liv.

219. Paisage ; sur le devant, deux hommes à cheval avec trois chiens, de Bassan. 12 liv.

220. Dessein bistre, rehaussé sur toile, entrée d'Alexandre dans Babilonne, d'après M. Le Brun, cy 2 liv.

221. Portrait d'un homme avec une cuirasse, teste nue et grands cheveux blancs, de Vandereck. 150 liv.

222. Teste d'un homme, grande comme le naturel, regardant en haut, apuyé sur le bras gauche, du Guarcin. 60 liv.

223. Le Couronnement d'espine de Nostre Seigneur, dans une prison ; le boureau qui luy présente le roseau a un pourpoint noir et des manches jaunes, de Teniers. 15 liv.

224. Simon le Magicien, emporté du diable devant tout le peuple, de couleur grise, en bordure noire, de Vanines.

225. Dessein du portement de croix, sur papier vert rehaussé, d'Alberdure. 1 liv.

226. Portrait d'un ancien suisse, habillé presque comme un prestre, avec un bonnet plat noir et un habillement de mesme, au haut 55. 29. B., cy 2 liv.

227. Paisage ; sur le devant, une rivière qui fait une chute d'eau au milieu de gros rochers ; plus loing, des maisonnettes au pied d'une montagne, de Fouquière, cy 3 liv.

228. Fuitte en Égypte, où Nostre Dame marche à pied, portant le petit Jésus ; saint Joseph va devant avec son asne ; sur le devant deux lapins blancs, en haut deux anges et trois chérubins. 40 liv.

229. Portrait d'un suisse, sur papier, à l'huille, G. G. Hans von Zuricht Goldssmith, grand comme le naturel, colé sur bois, d'Holbeins. 8 liv.

230. Un hivert, avec quantité de flamandes sur la glace ; sur le devant, un homme à genoux qui met ses patins, et quatre autres qui tiennent des crosses, de Brugel. 50 liv.

231. Le petit Jésus tenant une croix dorée derrière luy ; saint Jean tenant un écriteau autour de sa jambe, en détrampe. 10 s.

---

1. 1696, 12 avril, vendu.

232. Martire de saint Étienne. Saul, assis sur les habits des lapidateurs, au milieu de la place, les anime; un soldat armé jette une grosse pierre sur le saint martire, qui regarde l'ange qui luy apporte la couronne; figures de Coipel, paysage de Forest, cy   300 liv.

233. Danse de paisans flamands, sur papier en détrampe, collé sur bois; sur le devant, à un coin, deux joueurs de musette.   1 liv.

234. Cinq personnes dans une grande obscurité, sous un méchant toit, qui mangent derrière une maison, où on donne l'aumosne à un pauvre homme, sur bois, du vieil Brugel.   18 liv.

235. Une femme assise, ayant un linge blanc sur sa teste; auprès d'elle un homme avec un habit rouge, qui se baisse et semble lui persuader quelque chose, du Bassan[1].   51 liv.

236. Loth, au pied d'une roche, s'apuyant sur les genoux d'une de ses filles, habillé de rouge avec un tulban blanc, qui le baise, et son autre fille luy donne à boire, sur bois[2].   6 liv.

237. Paisage; sur le devant, un homme assis, en habit jaune, parlant à un autre, en veste rouge, debout. Ils sont auprès d'une rivière, où est un batteau, avec cinq figurinnes qui la passent, plus loing un pont et deux maisonnettes, de Francisque, cy   10 liv.

238. Nostre Dame, assise et s'apuyant sur un morceau d'architecture; elle tient son petit Jésus, qui la regarde, tandis qu'il donne un anneau à sainte Caterine, qui est à genoux, après Laurent Lotte[3], cy   12 liv.

239. Un escuyer monté sur un cheval blanc qui rue, son chapeau lui tombe; il y a un autre escuyer en habit rouge devant luy, sur toille collée sur bois, de Vambosch.   40 liv.

240. Un paisan, menant du bagage sur un cheval blanc, suivy d'un autre qui menne des chevaux, de Jamicl.   8 liv.

241. Un homme armé, estendu sur la terre, avec une femme qui se baisse pour le relever; sur le devant, un fleuve tenant son urne, après Poussin[4].   8 liv. 10 s.

242. Esquisse sur papier, faite à l'huile, d'une Nostre Dame assise de front sous un portique; devant elle, quatre saints debout, avec un enfant qui tient l'épée de saint George.   3 liv.

243. Un hiver, avec quantité de figures; sur le devant, les trois roys qui adorent Nostre Seigneur; il tombe beaucoup de neige, et un petit enfant se promène sur la glace dans un petit traisneau; vieil Brugel.   15 liv.

---

1. 1696, 10 avril, vendu.
2. 1696, 6 avril, vendu.
3. 1696, 6 avril, vendu.
4. 1696, 3 avril, vendu.

244. Saint Pierre, 1/2 figure, dans un fond brun ; il a la manche retroussée, de Pordenon. 6 liv.

245. Dieu le père dans sa gloire, sur de petits anges, parlant à un grand ange vestu de blanc ; à chaque costé, il y a deux saintes qui s'embrassent, en ovale, après l'Albane. 50 liv.

246. Putiphar qui veut arrester Joseph, après Raphaël[1]. 16 liv.

247. Quatre grapes de raisin sur une table de pierre dans un fond brun avec un morceau de branche de vigne, du Brador. 3 liv.

248. Un homme armé, teste nue, tenant une lance, après Georgeon. 2 liv.

249. Deux hommes assis dans un bois, avec une femme ; sur le devant, des brebis, de M. Forest, cy 30 liv.

250. Saint Antoine de Pade devant le petit Jésus sur un autel, à qui un ange présente un homme à genouille, couleur grise, sur bois, de Vandeck. 2 liv.

251. Petit paisage, où est un bois d'où sort une petite figure en habit rouge, sur bois[2]. 12 liv. 5 s.

252. Paisage ; sur le devant, un grand arbre avec des vignes, avec un homme qui la coupe et une femme qui se baisse, de Francisque. 30 liv.

253. Paisage ; sur le devant un pêcheur demy-nud, sortant de l'eau avec son filet sur l'espaule ; auprès de luy un homme qui coupe des roseaux, du mesme et mesme grandeur. 30 liv.

254. Sainte Geneviève, à genoux, de front, auprès ses moutons ; elle tient un cierge allumé ; au haut, un ange qui frape le diable ; original, cy 3 liv.

255. Autre de mesme, copie. 3 liv.

256. Portrait bien gasté d'un homme avec un bonnet plat, ayant une chemisette rouge, un habit à fleur d'or, avec de gros nœuds autour du col, sur toille collée sur bois. 10 s.

257. Nostre Dame couvrant le petit Jésus sur une creche ; elle est à genoux et a devant elle une botte de paille ; derrière, un paysan s'apuyant sur un mur, les mains jointes, et, plus loing, une femme qui parle à un berger, sur bois, cy 4 liv.

258. Nostre Dame assise, ayant les cheveux pendans qui luy tombent derrière l'oreille ; le petit Jésus, qu'elle tient sur ses genoux, luy met une pomme à la bouche ; sur bois[3]. 4 liv. 5 s.

259. Paisage avec quantité de figures ; sur le devant, un charriot attellé de deux bœufs gris, dont l'un est couché, et deux hommes qui

---

1. 1696, 10 avril, vendu.
2. 1696, 6 avril, vendu.
3. 1696, 3 avril, vendu.

desjeunent sur l'herbe, auprès d'une femme qui s'appuie sur son panier, de Jamiel[1].   15 liv.

260. Sainte Madelaine, 1/2 figure, regardant de front, les yeux vers le ciel, les cheveux flottans et la main droite sur le sein, avec un manteau rouge, cy [2]   14 liv.

261. Petit tableau; sur le devant, un homme mort, apuyé sur les genoux d'une femme et d'un jeune homme; un cordelier luy parle en estendant la main sur luy.   3 liv.

262. Un homme dans une grotte, avec une veste blanche, rayé et rouge, poignardant une femme, cy   3 liv.

263-264. Potz de fleurs de vere avec des fleurs, ils sont petits, de Baudesson[3].   30 liv.

265. Deux hommes menans un troupeau de vaches, chèvres et moutons, avec un asne, et une femme à cheval qui porte un enfant; sur papier, à l'huille, couleur brune, collé sur bois, de Benedete.
                                    3 liv.

266. Saint Jean-Baptiste baptisant Nostre Seigneur; à costé, un homme qui met sa chemise, et de l'autre, un homme nud qui met un bas; sur papier, couleur brune, à l'huille, collée sur bois.   1 liv.

267. Bachanal; sur le devant, une femme couchée de son long, près d'une eau, la teste apuyée sur une urne; auprès d'elle, un enfant qui pisse, avec quantité de figures, de Vandeck.   20 liv.

268. Des gens à table, où il n'y a qu'une nape, trois verres à boire, trois poires et quelques cerises, et d'un costé une femme portant une teste de mort, sur bois[4].   6 liv. 4 s.

269. Trois femmes dans un paysage, dont la première se baisse pour cueillir des fleurs, cy   3 liv.

270. Une nuit; d'un costé, des figurinnes qui se chauffent; de l'autre costé, une tour au bord de l'eau, avec un clair de lune, cy   3 liv.

271. La nimphe Sirinx, au milieu de rozeaux, avec le dieu Pan, qui la poursuit; dans un paysage, sur cuivre, de Francisque, après Hanibal Carache, cy   50 liv.

272. Trois femmes qui sortent d'un palais, devant lesquelles un homme, suivy de beaucoup d'autres, met un genou à terre; sur papier, à l'huille, couleur brune, collé sur bois.   10 s.

273. Le festin des Dieux; Jupiter à table au milieu de deux déesses; quantité d'autres figures sur les nues; sur le devant, une urne couleur blanche et brune; sur papier, à l'huille, collé sur bois, cy   10 s.

---

1. 1696, 9 avril, vendu.
2. 1696, 11 avril, vendu.
3. 1696, 6 avril, vendu.
4. 1696, 3 avril, vendu.

274. Deux hommes portant une femme assize dans un lit, avec des gens pleurants qui la suivent; sur papier, couleur brune, à l'huille, collée sur bois. 10 s.

275. Portrait d'un enfant, avec un pourpoint rouge fouré, ayant une fraise et une main sur son poignard, un bonnet noir et une chaisne d'or, cy 3 liv.

276-285. Tableaux en bordure de chesne vernissée et une raye sur chacun, un homme ou une femme, figures toutes nues, debout dans une niche; ils sont en hauteur, à 2 liv. la pièce, cy 20 liv.

286. Diane aux bains, avec sept nimphes. Elle se tourne vers Actéon, en se couvrant d'une main et le menaceant de l'autre; derrière elle sont deux nymphes qui se couvrent d'un voil blanc; sur cuivre, de Coipel père. 100 liv.

287. Teste d'un suisse, ayant une calotte noire et pardessus un petit chapeau en bonnet; il est sur papier, fait au pastel, dans une bordure noire; derrière est un grand carton noir, de Holbeine, cy

288. Teste d'une femme, de la même main et de la même manière que le précédent; elle a une coeffe blanche sur la teste et point de cheveux, avec mesme bordure que le précédent[1].

2 liv.

289. Une chapelle ornée par dehors d'écaille tortue; au milieu un dessin sur papier bistré rehaussé, où saint Thomas met le doigt dans le costé de Nostre Seigneur, cy 1 liv.

290. Portrait d'un homme âgé et de son filz, habillé de noir; le premier a un bonnet, anno Domini M. D. XXVIII., sur bois. 50 liv.

291. Teste de femme au pastel, sur papier, sur bois; elle a une couronne dans les cheveux, ornée de perles[2]. 1 liv. 5 s.

292. Portrait d'un homme en habit noir fourré; il tient un costé de sa robe et a trois anneaux à un doigt. *Anno salutis humanæ homini vere imaginati;* sur bois et bordure noire. 4 liv.

293. Paisage avec des montagnes partout; sur le devant un paisan, une paisanne qu'on voit par derrière. 3 liv.

294. Les enfans de Niobé; sur le devant deux hommes à cheval qui fuyent; sur bois, cy 6 liv.

295. Une femme bottée à pied tenant son cheval, caressant un levrier; auprès d'elle un homme assis tenant un fusil, de Jamiel[3].
50 liv.

296. Paisage; sur le devant un homme en manteau rouge à cheval auprès d'un grand arbre, suivy d'un paysan portant un sac, de Fouquière, cy 5 liv.

---

1. 1696, 3 avril, vendu.
2. 1696, 13 avril, vendu.
3. 1696, 28 may, vendu.

297. Un port de mer avec un chasteau sur une montagne; sur le devant, deux mariniers qui se reposent à l'ombre, de Francisque.
20 liv.

298. La femme de Putiphar voulant arrester Joseph, sur cuivre.
30 liv.

299. Persé détache Andromède; elle est debout et toute nue, le dragon est estendu sur les eaux, de Josépin, sur cuivre[1]. 50 liv.

300. Ravissement de Ganimède; sur le devant, deux hommes qui regardent, et auprès d'eux deux chiens, sur cuivre. 50 liv.

301. Paisage où est une grande eau sur laquelle est un pêcheur qui pêche avec un grand filet, dans un batteau, sur bois[2]. 12 liv.

302. Mignature avec quantité de rochers et deux maisonnettes; sur le devant, une rivière, en bordure d'ébeine. 2 liv.

303. Deux moines présentans un saint à un homme qui a auprès de luy une femme habillé de rouge, avec quantité de figures. 3 liv.

304. Un rond d'une nuit où des gens se chauffent à deux différents feux, au clair de la lune qui est dans son plain, sur bois, cy 2 liv.

305. Notre Dame, demi-corps, tenant son fils Jésus en chemise sur ses bras, mangeant une pomme, sur bois. 4 liv.

306. Adoration des bergers, dont l'un qui est nud et à genoux se voit presque de front, à l'oposite Notre Dame à genoux tournant la teste, sur bois, cy 4 liv.

307. Quantité de paysans et paysannes à table, et une femme qui bat son mary, sur bois, cy 4 liv.

308. Un valet qui panse un cheval blessé au garot, de Wowermans.
10 liv.

309. Suzanne nue, se peignant, avec les deux vieillards qui la regardent près d'une balustrade; sur cuivre, de Josépin[3]. 80 liv.

310. Teste d'un Christ couronné d'espine, sur papier bleu collé sur bois, d'Alberdur. 1 liv.

311. Nostre Seigneur couronné, qu'un boureau tient par la teste, demi-figure sur toille, collé sur bois[4]. 3 liv. 6 s. 8 d.

312. Portrait d'un suisse avec un habit et bonnet noir, ayant sur sa teste un petit ange qui porte ses armoiries, sur bois, rond par haut et carré par bas[5]. 4 liv. 17 s.

313. Une chapelle; au milieu, Nostre Dame en manteau rouge sur un trosne; sur les aisles, saint Michel avec un priant et sainte Caterine, cy 6 liv.

---

1. 1696, 6 avril, vendu.
2. 1696, 6 avril, vendu.
3. 1696, 7 avril, vendu.
4. 1696, 9 avril, vendu avec les n°⁸ 643, 644, ensemble 10 livres.
5. 1696, 3 avril, vendu.

314. Frises d'enfans qui dancent en deux bandes; au milieu, un autre enfant jouant de deux fluttes; en long, sur bois, en bordure d'ébène, d'André Sciavon, cy 6 liv.

315. Nostre Dame à genoux devant la crêche, avec deux anges à genoux; sur le haut, deux anges qui descendent et deux qui se jouent sur une poutre sur bois. 1 liv.

316. Dessein sur papier bleu, rehaussé avec quantité d'enfans autour d'une coulonne, du haut jusqu'en bas, collé sur bois, bordure avec un filet d'or. 2 liv.

317. Pareil du précédent. 2 liv.

318. Teste d'un homme avec des cheveux noirs dans un rond, sur une planche carrée dans une bordure noire. 1 liv.

319-320. Ronds de fleurs dans des pots de verres[1]. 10 liv.

321. Nostre Dame, assise, tenant le petit Jésus dormant dans ses bras, qui fait signe à saint Jean de ne le point réveiller, avec beaucoup d'autres figures en rond, d'après M. Le Brun, cy 60 liv.

322. Un rond; au milieu une feuille ex^{re} coupé par la moitié; sur le devant deux grosses grenades raisins.

323. Un rond d'un grand vase doré mis sur le costé avec un poignard et deux coquilles. } 43 liv.[2]

324. Rond, où sont deux poissons pendus à un crocq avec trois autres poissons mis dans un plat sur un pot de cuivre. 6 liv.

325. Le portrait du cardinal de Richelieu, profil. 10 s.

326. Un homme qui poignarde une femme dans une grotte, de Francisque. 7 liv.

327. Nostre Dame assise de costé, tenant sur ses genoux son filz, debout en chemise, à qui saint Joseph parle, et le petit saint Jean-Baptiste qui tire le manteau de la Vierge pour le regarder, cy 6 liv.

328. Paisage en oval sur cuivre; sur le devant un homme assis sur un morceau de pelastre et une femme qui gratte sa jambe, de Claude Lorain, cy[3] 120 liv.

329. L'Adoration des rois avec un petit enfant qui présente une boette au second roi; le petit Jésus met sa main sur la teste du premier, en oval. 6 liv.

330. Paisage; sur le devant une chutte d'eau et un homme qui peshe à la ligne; derrière, un homme qui menne un asne, de Francisque, cy[4] 38 liv.

331. Saint Hierosme assis de costé, apuyant une main sur la piere où il est assis; il lit dans un livre, qui est à terre, de Bassan. 12 liv.

---

1. 1696, 3 avril, vendu.
2. 1696, 12 avril, vendu.
3. 1696, 10 avril, vendu.
4. 1696, 13 avril, vendu.

332. Crucifiment de saint Pierre avec trois boureaux dont un luy soustient le corps, sur cuivre, de Guide. 300 liv.

333. Paisage; sur le devant, paisage d'un sabre avec un chasseur, de Claude Lorrain, cy 20 liv.

334. Saint Jean baptisant Nostre Seigneur, aiant à ses deux costez un ange à genoux; plus haut, deux grands anges qui descendent du ciel, cy 6 liv.

335. Frère cordelier guérissant les aveugles avec l'huille de la lampe. 15 liv.

336. David jouant de la harpe; sur le devant, un homme demy-nud qui arreste un bélier. 8 liv.

337. Un frère cordelier montrant à deux pères du mesme ordre des fleurs qu'il a dans sa robbe, avec plusieurs figures, cy 7 liv.

338. Judith montrant à la populace la teste d'Holoferne. 6 liv.

339. Un Roy et une Reine assis sur un dais, avec cinq testes derrière. 4 liv.

340. Portrait d'une femme nue, figure grande comme le naturel; elle a son bonnet doré sur la teste, des manches tailladées et un bouton de rose sur le sein, de Pordenon. 20 liv.

341. Saint Hierosme, my-corps dans un fond brun, contemplant un crucifix; il tient ses deux mains sur sa poitrine, sur bois. 20 liv.

342. Portrait d'une femme vestue de noir, avec un voile blanc sur sa teste; elle tient un chapelet dans ses mains, cy 4 liv.

343. Oval une femme endormie, avec deux satires dont l'un la veut descouvrir et l'autre fait signe à un amour qui vole en l'air, de Forest, cy[1] 80 liv.

344. Portrait d'un homme, demy-corps, en habit noir, teste nue, montrant du doit, en oval sur bois. 60 liv.

345. Nostre Dame avec son enfant, tous deux nues mie-figures; il est endormi sur son sein; elle le tient par un bras, sur bois. 60 liv.

346. Plusieurs musiciens parmi lesquels est un homme chauve, qui a une grosse teste, du Pordenone. 30 liv.

347. Deux hommes et une femme jouans aux cartes, et de l'autre costé un cheval pie[2]. 50 liv.

348. Oiseau estranger pendu par les pieds, se voyant par le ventre. 6 liv.

349. Saint Hierosme assis et à costé regardant au ciel et aiant un espèce de toit sur sa teste. 30 liv.

350. Adoration des pasteurs; sur le devant la Vierge et un pasteur qui a une manche rouge à genoux et quantité de figures dans l'obscurité, de Bassan, cy 30 liv.

---

1. Donné à M. Sandra.
2. 1696, 29 may, vendu.

351. Nostre Dame, demy-figure, regardant son fils nud couché sur une table, à qui elle présente d'une main une pomme et une pomme de l'autre, sur bois. 400 liv.

352. Grand pot à fleurs et à costé des grenades, concombres, melons et figures. 12 liv.

353. Nativité en long avec quantité de figures, où la Vierge et saint Joseph tiennent le linceuil où est le petit Jésus, de Bassan. 40 liv.

354. Paisage en long; sur le devant une grande montagne avec quatre femmes qui regardent Mercure descendant du ciel. 12 liv.

355. Cuisine avec une cuisinière tenant une broche où est un chapon embroché; un homme qui la tient par derrière lui manie le sein, demi-figure de Mathieu Brill. 12 liv.

356. Judith coupe la teste à Holoferne, et une Moresque luy présente un sac pour la mettre, après Paul Veronese. 20 liv.

357. Suzanne avec les vieillards; elle a à ses pieds un bassin de cuivre et un petit chien, après Paul Veronese. 20 liv.

358. Nostre Seigneur que trois hommes portent au sépulchre, et saint Jean et la Vierge qui le suivent, après Titien. 30 liv.

359. Un autre du mesme. 30 liv.

360. Adoration des trois Roys, en long, avec une quantité de figures et un cheval blanc qu'un homme demi-nud attache à un arbre. 25 liv.

361. Apollon apuyé sur sa viole, du Pordenon.
362. Jugement de Pâris, du mesme. } 4 liv.[1]

363. Trois femmes qui en saisissent une quatrième, du mesme. 3 liv.

364. Actéon, du mesme [2]. 4 liv.

365. Une femme changé en arbre, accouchant, dudit. 3 liv.

366. Jugement de Midas par Apolon [3]. 4 liv.

367. Marcias écorché par Apolon. 3 liv.

368. Des baigneuses, dudit. 3 liv.

369. Une grande femme portant son enfant sous son bras et 3 personnes assises. 2 liv.

370. Quatre femmes auprès de deux cuves, d'André Sciavon. 3 liv.

371. Narcisse, de Pordenon [4]. 3 liv. 10 s.

372. Voiage de Jacob, d'André Sciavon. 30 liv.

373. Nostre Dame assise sur un escalier, avec le petit Jésus, saint Jean et sainte Anne, après Poussin. 30 liv.

374. Nostre Seigneur debout avec la femme Cananée à genoux, qui montre son chien, après Carache [5]. 82 liv.

---

1. 1696, 3 avril, vendu.
2. 1696, 16 avril, vendu.
3. 1696, 3 avril, vendu.
4. 1696, 3 avril, vendu.
5. 1696, 11 avril, vendu.

375. La Vierge assise, demi-figure, aiant le petit Jésus sur un carreau jaune; le petit Jésus baise saint Jean. 40 liv.

376. Fuitte en Égypte; Nostre Dame portant son fils sous son bras, et saint Joseph allant devant elle, avec un baston, deux anges menant l'asne. 30 liv.

377. Paisage; sur le devant, des oiseleurs et un berger menant des moutons, de Francisque. 25 liv.

378. Paisage; sur le devant un homme qui va à la chasse avec des chiens, de Francisque, cy 25 liv.

379. Nostre Dame de Piombo, demi-figure, le petit Jésus dormant sur le devant et tenant un chardonneret. 40 liv.

380. Nostre Dame qui prend un lapin pour le donner au petit Jésus qu'une sainte tient, après Titien. 15 liv.

381. Grand paisage; sur le devant, trois nayades avec un fleuve, de Francisque, après Poussin, cy 300 liv.

382. Nativitez dans l'obscurité; en haut, Dieu le père dans sa gloire, sur le devant, un berger qui tient son chien, et un autre portant un mouton. 50 liv.

383. Saint Jean-Baptiste, demi-corps, avec des cheveux frisés. 20 liv.
384. Triomphe de Vespasien et Tite, après Jules Romain. 30 liv.
385. Perdrix rouge pendue par le pied. 20 liv.
386. Perdrix commune pendue de même. 20 liv.
387. La famille du Guast. 100 liv.
388. Portrait de mon père, de Vandeck, demy-figure. 400 liv.

389. Paisan à cheval dans son manteau, ayant un cheval de bas avec luy, qui porte un veau; sur le devant, un paysan qui tient une vache, de Jamiel. 100 liv.

390. La Vierge assise, ayant sur ses genoux le petit Jésus, à qui saint Jean-Baptiste apporte des cerises dans une serviette; la Vierge prend des langes dans un berceau. 15 liv.

391. Le désert de Camaldolid, de Francisque, après Poussin. 200 liv.

392. Paisage; sur le devant, un homme couché qu'on voit par derrière, qui montre le chemin à deux passans, de Francisque, après Poussin. 200 liv.

393. Pot de fleurs avec un pot de pourcelaine auprès. 10 liv.
394. Autre de mesme, avec un vase renversé, cy 10 liv.

395. Vierge, demi-figure, grande comme le naturel, tenant le petit Jésus sur ses genoux, qui carresse saint Joseph. 30 liv.

396. Couronnement de la Vierge, plafond de M. Le Brun. 50 liv.

397. Crucifix où est un homme sur un cheval blanc, qui fuit sainte Madeleine, qui tient d'une main le crucifix et de l'autre la Vierge qui tombe en pamoison, de Palm. 15 liv.

398. Rebecca assise au puis avec quantité de bergers et bergères

qui puisent de l'eau, à qui le serviteur d'Abraham présente le bracelet, de La Hyre. 50 liv.

399. Adoration des pasteurs ; en haut, deux petits anges et cinq chérubins ; Nostre-Dame, à genoux, tient le petit Jésus dans ses bras ; sur le devant, un mouton et un berger qui tient sa main devant ses yeux, de Blanchard, cy 50 liv.

400. Sauveur du monde, demi-figure ; il tient le globe, de Jacques Palm. 20 liv.

401. Portement de croix, de Bourdon [1]. 303 liv.

402. Grand paisage ; sur le devant, des pêcheurs, une femme sur un cheval blanc, et une barque de musiciens, de Francisque, après Dominiquain. 100 liv.

403. Portrait du cardinal Richelieu, de toute sa grandeur, de Champagne. 15 liv.

404. Nostre Dame, 1/2 figure. Elle tient d'une main la cuisse de son filz, et de l'autre le linceuil, cy 18 liv.

405. Nostre Dame de pitié, sur le devant, deux petits anges. 6 liv.

406. Martire de saint Étienne, où un homme armé luy jette une pierre, après Carache. 25 liv.

407. Élévation de Nostre Seigneur à la croix, de Swarts. 20 liv.

408-409. Paniers de fleurs. 20 liv.

410. Nostre Dame assise, 1/2 figure, tenant le petit Jésus sur ses genoux, debout, regardant une hirondelle. 20 liv.

411. Saint Hiérosme dans un désert, lisant, la teste apuyée sur son bras. 30 liv.

412. Panier de fleurs, de Baudesson. 6 liv.

413. Déluge ; sur le devant, un cheval blanc qui se noye, de Lanfranc. 50 liv.

414. Adoration des pasteurs ; sur le devant, un pasteur portant un mouton, et un autre tenant un grand chien par son collier. 100 liv.

415. Une Nostre Dame, en oval sur une toile carrée, 1/2 figure ; elle tient le petit Jésus dormant sur son sein [2]. 8 liv.

416. Paniers de fleurs sur une table de pierre, avec de la soye dévidée sur un papier. 6 liv.

417. Fuitte en Égypte, où saint Joseph donne la main à la Vierge qui entre dans le batteau ; l'asne vient derrière, après Hannibal, sur cuivre, cy 20 liv.

418-419. Testes d'hommes de pastel, sur papier gris. 1 liv.

420. Fuitte en Égipte ; Nostre Dame assise à terre ayant sur ses genoux son fils endormy que deux anges adorent ; saint Joseph lie l'asne à un arbre. 25 liv.

---

1. 1696, 7 avril, vendu.
2. 1696, 9 avril, vendu.

421. Saint Hiérosme, dans un désert, se frapant la poitrine d'une pierre. 7 liv.
422. Nopce de Cana, après Paul Veronese. 150 liv.
423. Entrée d'Alexandre dans Babilonne, après M. Le Brun. 60 liv.
424. Moyse sur les eaux, après Poussin. 20 liv.
425. Saint Pierre dans la prison de Steinhuys. 150 liv.
426. Nostre Dame, après Raphaël, de Puchot. 60 liv.
427. Josué arrestant le Soleil, d'André Sciavon. 30 liv.
428. Le submergement de Pharaon, du mesme. 30 liv.
429. Festin des Pharisiens avec la Marie-Magdelaine, après Le Brun. 75 liv.
430. Fuitte en Égipte, après Hannibal Carache. 15 liv.
431. Martire saint Estienne, de Rambouillet, après Carache. 300 liv.
432. Annonciation aux pasteurs, de Teniers, sur la manière du Bassan. 25 liv.
433. Baptesme de Nostre Seigneur, de Francisco Bassan. 30 liv.
434. Joseph vendu aux Ismaélittes, de Corneille Polembrock. 100 liv.
435. Festin des Pharisiens en trois arcades, après Paul Veronese [1]. 42 liv.
436. Paisage de trois lavandières avec un enfant, après Carache. 20 liv.
437. Un More tenant un dogue [2].
438. Les laveuses, après Carache. 60 liv.
439. La Famille sainte, après Andrez del Sarto. 30 liv.
440. Les mulletiers, paisage de Montpré, figures de Brugel.
441. Les Égiptiennes dans une grotte, des mesmes. } 65 liv.[3]
442-443. Ovals de fleurs, de Baptiste [4]. 44 liv. 5 s.
444. Adoration des Roys; en pastel, de Rubens, cy 150 liv.
445. Baptesme de saint Jean, de l'Albane [5]. 49 liv.
446. Nativité avec les pasteurs, de Poussin [6], cy 49 liv.
447-448. Ronds de fleurs, de Baptiste. 20 liv.
449. Le petit Jésus dormant tout nud sur une pierre que saint Joseph decouvre pour le monstrer à une sainte qui a un poignard dans le cœur; 1/2 figures, cy 15 liv.

---

1. 1696, 9 avril, vendu.
2. Appartient à Mme Fronment.
3. 1696, 9 avril, vendu.
4. 1696, 13 avril, vendu.
5. 1696, 13 avril, vendu.
6. 1696, 13 avril, vendu, avec n° 445.

450. Nostre Seigneur au Jardin des olives; sur le devant, trois diciples dormans, de François Bassan, cy 100 liv.

451. Des juifs pesans de l'or avec deux femmes; 1/2 figures grandes comme nature, du Mareschal d'Anvers. 12 liv.

452. Tapis de tapisserie, je dis de broderie, avec un panier de fleurs. 15 liv.

453. Diane aux bains avec quantité de nimphes, dont deux qui sont à son costé debout, se couvrant d'un voile blanc; elle se tourne et menace Actéon; figure de Coipel le père, après l'Albane, cy 120 liv.

454. Un hiver; sur le devant une paisanne qui ramene un paisan, en détrampe, sur toille collée sur bois, du vieil Brugel. 8 liv.

455. Teste de saint François, de Georgeon. 5 liv.

456. L'Adoration des Roys, dans un grand bastiment et quantité de portiques, à la pierre noire rehaussé de blanc, de Lucas. 6 liv.

457. David armé, tenant la teste de Goliath; 1/2 corps, après Georgeon. 10 liv.

458. Saint François à genoux sur une roche, après Carache.
459. La Madelaine à genoux, mains jointes. } 20 liv.[1]

460. Berger du Mol; sur le devant, une eaue, sur toille collée sur bois. 50 liv.

461. La Présentation au temple, avec quantité de figures, sur le devant un mouton, un agneau et un chevreau, en un tas, esquisse de M. Le Brun, cy 12 liv.

462. L'Ange menant Tobie; sur cuivre, d'Adam, cy 50 liv.

463. Adonis se mourant, soustenu de plusieurs femmes; Vénus descendant du ciel et s'arrachant les cheveux, dessein de Rose Fiorentino, cy 6 liv.

464. Dessein de Raphaël, le Jugement de Pâris; sur le derrière deux fleuves et une nayade. 8 liv.

465. L'Occasion, qui est une femme nue, que Pallas présente à un homme armé, qu'il a saisy aux cheveux; en destrampe, pastel de Rubens. 20 liv.

466. Nostre Dame tient sur ses genoux son fils à qui saint Jean amenne un agneau, cy 15 liv.

467. Plafond où Rémus et Romulus prennent place au ciel, de M. Le Brun. 120 liv.

468. Le Roy et la Reine d'Angleterre, après Vandeck. 60 liv.

469. Nostre Dame qui lit et tient son fils debout sur ses genoux et qui regarde une hirondelle, cy 15 liv.

---

1. 1696, 7 avril, vendu.

470. Nostre Dame, assise sur une table, tenant son filz debout sur ses genoux et saint Joseph qui tient la main à saint Jean. 15 liv.
471. Enlèvement de saint Paul par trois anges, cy 50 liv.
472. Crucifiement, de Bourdon. 200 liv.
473. Nostre Dame, de front, tenant le petit Jésus, debout sur ses genoux, qui prend des cerises de la main de saint Joseph. 40 liv.
474. Vierge assise tenant devant elle le petit Jésus qui l'embrasse et regarde saint Jean. 30 liv.
475. Pentecoste où Nostre Dame est élevée sur une espèce de nue, après Charles Le Brun. 60 liv.
476. Table couverte d'un tapis vert, de fruits, de raisins, d'un pasté, auprès une cuvette et deux flacons. 20 liv.
477-478. Grands pots de fleurs en hauteur. 60 liv.
479. Panier de fruit sur un tapis, sur les portes. 12 liv.
480. De mesme.
481. Un homme avec un chariot attelé de deux bœufs renversé du tonnerre, de Francisque, après Poussin. 100 liv.
482. Un berger en habit rouge avec des chèvres et moutons auprès d'un estang, de Francisque, après Poussin. 100 liv.
483. Paisage; sur le devant un cavalier et un homme à pied avec un chien. 6 liv.
484. Paisage; sur le devant deux pescheurs et deux hommes dans un batteau, de Francisque, manière de Carache[1]. 20 liv.
485. Grand tableau de Sneider, marché de poisson avec un homme habillé de vert, qui en verse d'un chaudron. 800 liv.
486. Autre du mesme, un dain couché sur un signe; au bas, un chien qui tient un fromage, cy 800 liv.
487. Marché de poisson en hauteur avec un chien marin et deux carpes dans un grand bassin de cuivre. 30 liv.
488. Une cuisine où pend un daim et une moitié d'agneau avec une écrevisse de mer sur la table, cy 30 liv.
489. Chasse de Méléagre et Attlante, de M. Le Brun. 1,200 liv.
490. Méléagre agonisant, du même. 1,200 liv.
491. Paisage avec un pont et des buffles sur le devant. 30 liv.
492. Paisage; un homme assis devant, auprès d'un mausolé, à qui un autre demande le chemin, de Francisque, après Poussin, cy 100 liv.
493. Paisage avec une belle allée en perspective; sur le devant, un homme qui prend de l'eau dans un réservoir, Francisque, après Poussin. 100 liv.
494. Pot de fleur de cuivre sur un tapis, cy 10 liv.

---

1. 1696, donné à M. de Sandra.

495. Du mesme, avec un chandelier et une urne sur une table. 10 liv.

496. Paisage; sur le devant, une femme qui porte quelque chose sur sa teste auprès de deux colonnes de marbre, sur un piédestail, de Francisque. 100 liv.

497. Saint Michel, copie après Raphaël. 30 liv.

498. Hercule levant Anthée de terre, après le Guide. 30 liv.

499. Chasse au sanglier avec quantité de chiens qui ont arresté le sanglier, lequel en tient un sous sa patte, de Sneider. 800 liv.

500. Autre chasse du sanglier avec quantité de chiens qui le poursuivent; un dogue le mord sur le dos et un chien harnaché le veut prendre à l'oreille, du mesme Sneider. 800 liv.

501. Grand tableau avec un beau tapis en forme de fond d'or, d'où sort un barbet; sur le devant, un tapis cramoisy avec un plat de confitures candalisées, de Fioraventi, cy 60 liv.

502. Le Roy à cheval, de Huwus. 30 liv.

503. Femme, demi-corps, tenant d'une main une poule et de l'autre un panier avec des choux, sur bois. 20 liv.

504. Suzanne avec les vieillards, grands comme nature, de Rubens, sur bois. 50 liv.

505. Une boucherie; sur le devant, une femme, demi-figure, grande comme nature; en un coin, un cochon pendu au croc, fort gasté, sur bois, de Maurus. 12 liv.

506. Un homme assis entre deux femmes; il tient d'une main une oye et un pot de l'autre, auprès de luy un panier avec des poulles, cy 30 liv.

507. Moyse assis entre deux petits anges, tenant un papier, après Raphaël. 15 liv.

508. Saint Sébastien lié à un arbre, de Tintoret, sur bois. 8 liv.

509. La Vénus et Adonis, de Titien. 200 liv.

510. Les armes d'Angleterre, de Holbeins, cy 2 liv.

511. Nostre Dame sur une nüe donnant son fils à saint Antoine de Pade, de la Fosse, après Vandeck. 150 liv.

512. Portrait d'un homme, d'un bout, habillé de noir, de Titien. 30 liv.

513. Nostre Dame assise, avec son filz sur ses genoux, que sainte Caterine et saint Jean-Baptiste, à genoux, adorent, après Titien. 40 liv.

514. Une jeune fille qui se lave les pieds, aiant derrière elle une vieille femme aussy assise à terre, de Francisque, après Poussin. 15 liv.

515. Saint Jérosme, qu'on communie, avec quantité de figures grandes comme nature, après le Dominiquain, cy 30 liv.

516. La mère de Méléagre mettant le tison au feu, de M. Le Brun. 20 liv.

517. Prométhée dévoré du vautour, de Rubens. 30 liv.

518. Méléagre portant la teste du sanglier à Attlante. 30 liv.
519. Le Centaure enlevant Déjanire, après le Guide. 30 liv.
520. Hercule assommant l'hidre. 30 liv.
521. Hercule sur le bûcher. 30 liv.
522. Un homme aportant des poissons dans un chaudron avec un enfant qui le regarde ; sur le devant une loutre, une raye et un saumon, de Francisque. 10 liv.
523. Ester qui vient trouver Assuérus sur son trosne, après Paul Veronese. 30 liv.
524. Un crucifix avec quantité de personnes à genoux des deux costez ; sur le devant saint Jean-Baptiste, sur bois. 25 liv.
525. Égiptienne avec des soldats, 1/2 figures grands comme nature, après Manfrede, cy 20 liv.
526. Séparation de saint Pierre et saint Paul, après Lanfranc. 40 liv.
527. Un général venu pour piller le temple renversé par un cavalier et deux anges, de Bartholet. 50 liv.
528. Nostre Seigneur entrant dans Jérusalem, d'André Sciavon. 60 liv.
529. Rachel, à qui Abraham envoye le présent, de Bourdon. 300 liv.
530. Moyse foulant aux pieds la couronne de Pharaon, après Poussin, de Francisque. 40 liv.
531. Sainte Héleine qui fait prendre des Juifs pour trouver la Croix, de Georgeon. 5,000 liv.
532-533. Pots de fleurs sur les portes de la salle aux miroirs d'en bas, à 10 livres. 20 liv.
534. Jeune femme assise, ayant du raisin sur ses genoux, avec une vieille femme, demy-figures grande comme nature, de Van Moll. 15 liv.
535. Un daim au croc couché sur un signe. 10 liv.
536. Diane jugeant Calisto, après Carache [1], cy 60 liv.
537. Diane aux bains menaçant Actéon ; elle se retourne et a devant elle deux nimphes debout qui se couvrent d'un voile blanc, cy 50 liv.
538. Vénus trouvant Adonis mort ; un petit amour menne son charriot, après Lenfranc [2], cy 60 liv.
539. Enlèvement d'Europe, que deux tritons précèdent et qu'un amour suit sur un dauphin, cy 30 liv.
540. Jugement de Pâris ; sur le haut le soleil levant, avec Castor et Pollux. 75 liv.
541. Vénus se faisant peigner dans son chariot par trois nimphes. 20 liv.

---

1. 1696, donné à M. Sandra.
2. 1696, donné à M. Sandra.

542. Esnée sauvant son père avec les fugitifs de Troyes, de Rubens[1]. 2,500 liv.
543. La Vénus couchée, de Francisque, après Titien. 20 liv.
544. Un dessein de tapisserie de Rosso Fiorentino, avec un éléphant, quantité d'ornemens et de figures. 10 liv.
545. Grand paisage; sur le devant une chutte d'eau avec un arbre renversé. 12 liv.
546. Jésabel qui a tué un homme d'un cloud dans la teste dans une tante, avec quantité de soldats affligez ; un grand tableau, cy 30 liv.
547. Le sacrifice d'Iphigénie, de Bourdon, cy 200 liv.
548. Lherminie abordant les bergers et une femme parmy des moutons, après Carache; paisage de Forest, figures de Coipel le père. 150 liv.
549-554. Ronds de pots de fleurs et confitures en place dans la chambre de ma mère, à 12 livres, cy 72 liv.
555. Une Vierge qui a sur ses genoux son fils qui espouze sainte Caterine, avec le petit saint Jean-Baptiste, 1/2 figures, après Titien, cy 50 liv.
556. Saint George sur un cheval blanc; sur cuivre, après Raphaël. 30 liv.
557. La nimphe Sirinx poursuivie de Pan; sur cuivre, de Francisque, après Carache. 50 liv.
558. Mignature; sur le devant, une grande chute d'eau, d'après Paul Brill. 10 liv.
559. Une Vierge assise; le petit Jésus debout avec saint Jean et saint Joseph; sur cuivre, cy[2] 34 liv. 10 s.
560. Une petite Vierge, demie-figure, de front, tenant le petit Jésus dormant sur ses genoux, appuyé sur un coussin[3]. 14 liv.
561. Adoration des pasteurs; saint Joseph est assis sur une pierre, de Pieter de Cortone, sur une ardoise en oval. 20 liv.
562. Dieu le père dans sa gloire; sur une ardoise en oval. 10 liv.
563. Une Vierge ayant les pieds sur un croissant, après l'Albane. 3 liv.
564. Une teste avec un bonnet et un habit noir fourré, de Holbeins, en rond, anno en 1536, cy 200 liv.
565. Le baptesme de saint Jean; sur le devant, un homme qui chausse son bas, d'après Carache. 30 liv.
566. Une bergerie avec un enfant sur le devant, habillé de rouge. 40 liv.
567. Une Vierge assise à terre tenant son fils Jésus endormy, que

---

1. 1696, vendu.
2. 1696, 6 avril, vendu.
3. 1696, 6 avril, vendu.

deux anges adorent; de l'autre costé, saint Joseph qui lie son asne[1], cy 21 liv.

568. Une Vierge avec le petit Jésus sur son berceau, tenant saint Jean par le menton, après Raphaël[2]. 82 liv.

569. La Présentation au temple, de Jouvenet, cy 30 liv.

570. Vierge sur bois qui tient son petit Jésus debout sur ses genoux, qui la baise[3], cy 11 liv.

571. Nostre Seigneur avec la femme de Cananée qui luy montre son chien, après Carache. 10 liv.

572. La Vierge donnant à tester au petit Jésus, qu'elle tient sur un coussin; 1/2 figure, d'Andrez Salario; sur bois. 15 liv.

573. Un vaze de porcelaine, avec un citron pelé, des pesches et une couppe d'or, de Kalff, cy 100 liv.

574. Paisage avec des vaches; sur le devant, un homme qui menne boire deux chevaux, après Rubens. 30 liv.

575. Crucifix d'yvoire. 100 liv.

576. Circoncision de Nostre Seigneur au temple de Jacomo Bassan. 300 liv.

577. Saint Joseph présentant une religieuse au petit Jésus assis sur les genoux de la Vierge, après Paul Veronese. 50 liv.

578. L'Ange avec Tobie qui prend un poisson, de Francisque, après Carache. 200 liv.

579. Moyse au buisson ardent, de Francisque, après Carache. 200 liv.

580. Martire saint Estienne, avec Saul, assis auprès d'un arbre, après Carache. 300 liv.

581. Baptesme saint Jean, avec un homme sur le devant qui met son bas. 80 liv.

582. Un aveugle assis au pied d'un arbre où il y a une chapelle avec des signes de miracles et deux paisans passans devant. 80 liv.

583. Paisage, avec Agar qui parle à un ange, qui lui montre une fontaine, sur cuivre, après Lemoll. 120 liv.

584. Nostre Dame donnant à tester à son filz emmaillotté; elle a trois chérubins sur sa teste, dans un paisage, après Lemoll, sur cuivre, cy 120 liv.

585. Nostre Dame et le petit Jésus debout dans son berceau, se jouant avec saint Jean qu'il tient par le menton, après Raphaël. 60 liv.

586. Paisage; sur le devant, une chutte d'eau sous une montagne, un paysan à cheval et deux à pied menans un troupeau de bœufs et moutons, avec un asne chargé, cy 200 liv.

---

1. 1696, 6 avril, vendu.
2. 1696, 7 avril, vendu.
3. 1696, 7 avril, vendu.

587. Mignature sur un fond blanc d'une pie de muraille. 10 s.
588. Table de pierre, avec quantité de raisins et melons sur un tapis.   10 liv.
589. Une urne, avec des figures de reliefs; il en tombe des fleurs; sur le devant, des raisins et fleurs.   10 liv.
590. La piscine où Nostre Seigneur guérit un pauvre malade, qui emporte son lit, avec deux colonnes de pierre, après Tintoret. 30 liv.
591. Paisage; Apollon ecorchant Midas, avec trois nimphes debout, sur cuivre, de Francisque, après Carache.   50 liv.
592. Un homme se sauvant d'une tour, métamorphosé en canard; sur le devant, deux hommes debout qui le regardent, sur cuivre, de Francisque, après Carache.   50 liv.
593. Ganimède enlevé par Jupiter, avec deux hommes debout et deux chiens, de Francisque, après Carache.   50 liv.
594. La Madelaine, à genoux, qui adore le crucifix, dans un désert, sur cuivre, cy   10 liv.
595. Petit saint François, à genoux, sur cuivre, de mesme grandeur.   10 liv.
596. Des prisonniers, avec un homme armé et un vieillard; sur le devant, un estropié assis avec des femmes et quantité de figures, après Paul Veronese.   30 liv.
597. Rond, avec des poissons et un poeslon de cuivre rouge. 6 liv.
598. Paisage; Apollon écorcheant Midas, sur cuivre, de Francisque, après Carache.   50 liv.
599. Un homme métamorphosé en canard qui se sauve d'une tour, et deux hommes qui le regardent, sur cuivre, de Francisque, après Carache.   50 liv.
600. Petite chasse de Vandermeule, sur cuivre, en oval. 5 liv.
601. Paisage, sur cuivre, le jugement de Pâris, de Francisque, après Carache.   50 liv.
602. Un paysage, tout de mesme.   50 liv.
603. Festin des dieux et des déesses sur les nues[1]. 52 liv. 10 s.
604. La Vierge, 1/2 figure de frond, grand comme le naturel, ayant devant elle le petit Jésus dormant sur la paille, après Gentilliesse, cy   30 liv.
605. Nostre Dame, 1/2 corps, tenante le petit Jésus sur ses genoux, debout, qui la baise; elle a un voile blanc très clair sur sa teste. 30 liv.
606. Portrait de mademoiselle Mignard, tenant un globe.
607. Autre portrait de la mesme, tenante une lire et un papier de musique.
} 143 liv.[2]

---

1. 1696, 12 avril, vendu.
2. 1696, 10 avril, vendu.

608. Couronnement de la Vierge; au-dessous, une quantité d'anges jouant des instrumens, cy   100 liv.
609. Le sacrifice de Noé, de Bourdon, cy   300 liv.
610. Nostre Dame assise, dans un paisage, la Madelaine à genoux, sainte Anne et saint Jean qui amènent un mouton, de Bourdon, cy
   300 liv.
611. Une femme à cheval et des veaux sur un cheval blanc, dans une grotte, de Petitjean, cy
612. Des chasseurs, avec quantité de chiens qui prennent leur repos, et un cavallier en habit rouge qui tient un verre, de Francisque, cy   20 liv.
613. Nostre Dame tient son filz sur ses genoux, qui espouze sainte Caterine; saint Jean est à son oposite.   20 liv.
614. La Madelaine, avec un ange derrière, un autre tenant une teste de mort.   15 liv.
615. Des paisans qui tuent un cochon, de Brawer, bordure vermeille dorée.   100 liv.
616. Un Ecce homo, avec quantité de figures, de Robert Hammer.   20 liv.
617-618. Petites ovales de fleurs, de Beandesson, à 12 livres. 24 liv.
619. Teste d'un homme, avec un habit de velour noir, un habit noir fouré, ayant deux bagues et tenant un chapelet, sur bois, d'Holbeins, cy   100 liv.
620. Un rond sur cuivre, avec deux femmes auprès d'un chesne, dans un paysage, de Vanderkable.   3 liv.
621. Un berger, avec une chutte d'eau, pareil du précédent. 3 liv.
622. Fuitte en Égipte, Nostre Dame sur son asne, après Adam, sur cuivre estammé, cy   30 liv.
623. Esquisse de l'enlèvement de saint Paul, de Poussin.   3 liv.
624. La Vierge qui coust, avec de petits anges, sur cuivre. 15 liv.
625. La Vierge qui tient le petit Jésus sur ses genoux; il a un petit oiseau dans sa main, auprès de luy saint Jean qui pleure, sur cuivre, cy   4 liv.
626. Nativité; sur le devant, un agneau et chien, derrière saint Joseph en manteau rouge, de Parmesan, sur bois.   300 liv.
627. Un rond sur bois, portrait de Johannes Frobenius sans bonnet, d'Holbeins.   40 liv.
628. Un homme à qui on attache ses armes, 1/2 figure, après Georgeon, sur bois.   20 liv.
629. Le portrait d'un viellard, avec un petit rabat, de Vandeck.
   20 liv.
630. Nostre Dame assise sur le croisant, en oval, sur chassis carré.   4 liv.

631. Un carme recevant le scapulaire de la Vierge[1]. 4 liv. 17 s. 6 d.
632. Un paysan sur un asne et des moutons sortant d'un village, de Petitjean, cy. 6 liv.
633. Mater Dolorosa. 3 liv.
634. Sainte Véronique qui tient son mouchoir, cy 3 liv.
635. Mignature; sur le devant, une chasse. 4 liv.
636. Chasse; sur le devant, un cavalier en justaucorps rouge, sur bois. 8 liv.
637. Chasse du cerf; sur le devant, deux cavaliers à costé l'un de l'autre, sur bois. 8 liv.
638. Chasse d'ours; sur le devant, quatre cavaliers, sur bois. 8 liv.
639. Saint Laurent debout, tenant son gril, sur cuivre, d'Adam[1]. 200 liv.
640. Saint Simon tenant le petit Jésus sur son bras dans le temple, 1/2 figure, sur cuivre, du Felis[2]. 60 liv.
641. La Vierge à l'oiseau, sur cuivre, mesme grandeur que le précédent. 150 liv.
642. Paisage sur cuivre; Nostre Dame avec saint Joseph et l'asne au pied d'un arbre, cy 60 liv.
643. Une teste de Vierge, après le Guide. 6 liv. 13 s.
644. Une teste d'un ange, — — 6 liv. 13 s.[3]
645. Portrait d'un homme; sur le revers, un homme poursuivant une femme, manière de Georgeon, cy[4] 1 liv. 16 s.
646. Le Christ mort, sur les genoux de la Vierge, avec deux petits anges qui pleurent, d'Augustin Carache, cy 300 liv.
647. La famille de M. Le Brun. 3,000 liv.
648. Une Nostre Dame, au milieu de deux anges, 1/2 figure, qui adorent le petit Jésus dans sa crèche, après Titien. 200 liv.
649. Les petinneurs, de Brauwer. 150 liv.
650. Apollon poursuivant Daphnis, sur cuivre[5]. 43 liv.
651. Petit portrait d'homme en habit fouré et un bonnet noir. 1 liv.
652. Petit portrait d'une femme en habit noir, du mesme. 1 liv.
653. Dessein en bordure d'ébeine, dans un étuy de velour rouge, où est une femme debout, en forme de Judith. 20 liv.
654-657. Petits tableaux, sur pierre, repeins, cy 4 liv.
658. Moyse sur les eaux, après Paul Veronese, cy 300 liv.
659. Vierge, après le Carache. 150 liv.

---

1. 1696, 3 avril, vendu.
2. 1696, donné à M. Bertin.
3. 1696, 11 avril, vendu avec le n° 311, ensemble 10 livres.
4. 1696, 6 avril, vendu.
5. 1696, 6 avril, vendu.

660. Une Nativité[1].   100 liv.
661. Petit tableau, sur bois, d'un paisan qui s'ouvre la bouche avec les doigts, demie-figure, de Brauwer.   75 liv.
662-667. Petits tableaux de fleurs, de Mariotti, à 10 livres. 60 liv.
668. Teste d'homme, de Palm.   100 liv.
669. Combat de deux cavaliers, de Wouwermans[2].   150 liv.
670, 671[3]. Très mauvais tableaux.   8 liv.
672.   —   —   —   3 liv.
673. Dessein d'une adoration des Roys.   2 liv.
674. Esnée portant son père.   1 liv.
675. Méchant portrait de M. le Dauphin, fort jeune, cy   1 liv.
676. Un homme à cheval, dans un paisage, de Colandon.   1 liv.
677. Deux femmes et un satire jouant de la flutte.   1 liv.
678. Un très mauvais tableau[4].   9 liv.
679. Mauvais dessein d'une Rébecca.   10 s.
680. Dessein d'un char attelé de quatre chevaux.   10 s.
681. Grande ébauche, triomphe de la richesse.   10 liv.
682. Paisage de tapisserie, à demy-point.   10 liv.
683. Copie gastée de la Vénus et Adonis, du Titien.   30 liv.
684. Ebauche du triomphe de la Pauvreté.   10 liv.
685. Nopce de village, après Carache, non finy.   20 liv.
686. Une boette de vermeille doré, en ovalle, dans la quelle sont deux petits tableaux sur cuivre, originaux, d'Adam, dont l'un représente la décolation de saint Jean-Baptiste dans la prison, dans une nuit, et l'autre représente le mesme saint encore enfant, jouant avec son agneau, dans un paisage.   300 liv.
687. Un plaffond de M. Jouvenet; Nostre-Seigneur Dieu le père qui est porté par des anges, cy   50 liv.
688. Une quantité d'estampes de toutes sortes, la pluspart gastées, endommagées, rousses et deschirées[5], cy   130 liv.

BRONZES.

1 fleuve couché.   400 liv.
1 autre fleuve de mesme.   400 liv.

---

1. Chez l'abbé Bignon.
2. 1696, 6 avril, vendu.
3. 1696, 3 avril, vendu.
4. 1696, 7 avril, vendu.
5. 1696, 1ᵉʳ sept., vendu. — Le 7 septembre 1696, une série de tableaux furent laissés à Hélène Jabach pour la somme de 3,400 livres; ce sont les nᵒˢ 425, 576, 582, 578, 431, 198, 579, 583, 641, 584, 640, 585, 574, 575, 429, 573, 433, 175, 432, 172, 566, 615, 622, 642, 556, 617 et 618 de la liste précédente, d'après un état joint à l'inventaire.

1 autre.	400 liv.
1 autre.	400 liv.
1 femme baisant un enfant.	340 liv.
1 Appollon.	300 liv.
1 gladiateur.	240 liv.
1 autre de mesme.	240 liv.
1 Méléagre.	200 liv.
1 Hercule.	400 liv.
1 autre de mesme.	400 liv.
1 Vénus.	180 liv.
La Vénus de Médicis moulée sur l'antiquité, cy	660 liv.
1 homme ayant une couronne de lierre sur sa teste.	60 liv.
1 petite figure de saint Jean.	100 liv.
1 Marc-Aurel à cheval.	300 liv.

Petites figures de bronze.

1 enfant de Laocon entouré d'un serpent.	8 liv.
1 petit buste d'un homme, avec une fraize.	3 liv.
1 petit enfant.	3 liv.
1 figure debout menant un léopard.	25 liv.
1 petite Nostre Dame.	1 liv.

Figures de marbre.

La femme au bandeau, figure antique, haute environ 4 pieds 1/2.
                    200 liv.

Le jeune Hercule s'apuyant sur sa massue, figure antique, haute environ 3 pieds.   120 liv.

1 Appollon, figure antique, haute environ 4 pieds, sans bras et sans jambes.   30 liv.

1 Vénus, figure antique, grande comme le naturel, se couvrant le sein d'une main, haute 5 pieds 1/2 environ, cy   150 liv.

1 Bacchus avec sa tasse à la main, figure antique, haute 5 pieds environ.   200 liv.

1 Mercure tenant sa bourse à la main, figure antique, haute 3 pieds 9 pouces, cy   200 liv.

1 femme nue jusqu'à la ceinture, tenante son manteau d'une main, figure antique, haute environ 3 pieds 8 poulces.   150 liv.

1 bas-relief d'une femme, avec trois Dieux marins.
1 autre de mesme d'une femme avec trois faunes[1].
1 petit bas-relief d'un Dieu Bacchus debout.   40 liv.

---

1. « Comme ce sont des postures infâmes, on les a condemnées à estre rompu ; ce qui a esté exécuté. »

BUSTES DE MARBRE.

Dans le petit cabinet au fond des apartemens aux miroirs d'en bas.

1 buste d'Alexandre, fort grand.	400 liv.
1 autre d'Agripine, grand.	300 liv.
1 autre de Néron, grand.	300 liv.
16 autres de Néron, à 250 livres, grands.	4,000 liv.
1 autre le petit Néron, petit.	200 liv.
1 Hercule, 1 Senèque, } à 150 livres, moyens.	300 liv.
7 — à 120 livres, petits.	840 liv.
6 bustes d'albastre oriental, à 120 livres, grands.	720 liv.
1 buste d'albastre, le petit Auguste, 1 buste d'albastre, une femme, } à 120 livres, petits.	200 liv.

Dans le salon aux miroirs d'en bas, sur les consoles.

1 buste de marbre antique, Jules Cézar, grand.	250 liv.
3 autres, à 180 livres, grands.	540 liv.
3 bustes antiques d'albastre oriental, à 140 livres, grands.	280 liv.

Dans le mesme salon en bas.

1 buste antique d'albastre oriental, d'Adrien, 1 autre d'une femme, } à 120 livres, grands.	240 liv.
1 buste de marbre d'un homme couronné de liere, petit.	150 liv.

Dans l'entre-deux des salles aux miroirs d'en bas.

1 buste de marbre d'Agripine, moderne grand.	300 liv.
1 autre de Néron, moderne grand.	300 liv.
1 autre d'Annibal, grand.	250 liv.

Dans le salon aux miroirs de M. Dautun.

7 bustes de marbre, à 150 livres, moyens.	1,050 liv.

Dans les salles d'en bas.

Une figure de Nostre Dame de marbre, assise, tenante son fils sur ses genoux.	80 liv.
Une très belle table de raport de Florence.	1,000 liv.
2 grandes médailles rondes de marbre, d'Aristote et Galien, à 40 livres.	80 liv.
20 médailles ovales antiques et modernes d'hommes illustres, à 80 livres.	1,600 liv.

ÉMAUX.

2 soucoupes, au milieu quatre amours sur des escussons autour d'une piramide, portante une sphère dans des étuys de maroquin rouge, à 15 livres, cy   30 liv.

TABLEAUX.

1 tableau en oval en bordure de cuivre doré, Hercule montant sur un vaisseau, avec beaucoup de figures, et un autre comme dessus avec des gens armés qui se battent.   10 liv.

1 tableau en bordure ronde, combat des Centaures.   10 liv.

1 autre en bordure de hauteur, le passage de la mer Rouge. 10 liv.

1 autre en oval, où une femme lave une chèvre, doré coloré. 3 liv.

1 autre de mesme, où une femme rajeunit un homme.   3 liv.

1 autre en oval, Hercule, les Argonautes et une femme parlant à un Roy, dorez et colorez.   5 liv.

1 autre du mesme, Médée qui rajeunit son père, cy   5 liv.

1 autre des forgerons, grisailles en bordure d'argent au jour.

1 autre, un vieillard avec deux femmes jouans des instrumens, de mesme.

1 autre, un jeune homme et deux femmes, jouant comme dessus, de mesme.   20 liv.

1 autre plus petit, un jeune homme avec deux femmes chantans en musique, de mesme.

5 autres grisailles, l'histoire de la Vierge.   15 liv.

2 autres grisailles, des fous, demy-figure.   6 liv.

6 autres en oval, colorez et dorez dans des bordures dorez représentans les taureaux des Argonautes, à 8 livres, cy   48 liv.

3 autres en carré, dans des bordures noires, grisailles représentant, l'un Pomone, l'autre une femme qui se fait peigner, et le troisième une femme qui coupe les aisles à l'amour, à 5 livres, cy   15 liv.

BASSINS.

1 bassin oval, colorez et dorez, où Hercule et les Argonautes parlent à un Roy, cy   20 liv.

1 autre du mesme, avec un sacrifice.   20 liv.

1 autre, avec les sept vierges sages et les sept folles. 20 liv.

1 autre, avec un supliant aux portes d'une ville et quantité de gens armés.   10 liv.

1 autre, festin des dieux, dans un estuy de velours rouge. 30 liv.

1 autre, autour quantité de figures en grisailles, au milieu une teste en écusson, cy   20 liv.

1 autre pareil, avec l'histoire d'Adam et d'Ève, cy   20 liv.

1 autre, autour quantité de figures, colorez et dorez, au milieu un écusson, avec le portrait d'une femme en fraise. 20 liv.

1 autre, autour des figures en grisailles, avec une teste sur un écusson au milieu, cy 6 liv.

2 autres petits en oval, dans le fonds la Nativité et la Cène, grisailles. 4 liv.

Plat en rond, le combat des Lapites et des Centaures. 8 liv.

Assiettes.

5 assiettes, des mois de l'année, dans un etuy noir. 12 liv.

12 autres, des douze mois de l'année, sur le derrière des testes. 30 liv.

13 autres grisailles, l'histoire des Argonautes, sur le derrière des armoiries. 40 liv.

15 autres grisailles, des mois de l'année, sur le derrière des testes. 40 liv.

6 autres grisailles, avec des testes d'hommes et de femmes. 12 liv.

6 autres, collorez et dorez, de l'histoire de Joseph. 15 liv.

5 autres grisailles, d'Adam et Ève. 12 liv.

2 autres grisailles, d'un Dieu et d'une déesse sur leur char. 3 liv.

4 autres idem, des Métamorphoses d'Ovide, cy 10 liv.

1 autre idem, d'un mois de l'année.
1 autre idem, d'un mois de l'année. } 5 liv.

Coffres.

1 coffre, avec un couvercle en berceau dans des bordures dorées. 10 liv.

1 autre, avec des bordures de vermeil d'or, sur le couvercle une Nostre Dame avec quatre médailles, cy 50 liv.

Sallières.

5 sallières plattes. 10 liv.

2 autres, sur un pied de hauteur, dorez et colorez, avec une teste d'un homme et d'une femme dans le creux. 4 liv.

2 autres, sur un pied de hauteur, dorez et colorez, dans le creux, des rayes diverses, cy 3 liv.

2 autres, de hauteur, qui ne sont point pareilles. 5 liv.

2 autres plattes, grisailles, des travaux d'Hercule. 5 liv.

1 autre, avec la fuite de Loth. 5 liv.

Soucouppes.

2 soucoupes grisailles d'histoires saintes. 8 liv.

1 autre grisaille, le sacrifice d'Abraham.
1 autre grisaille, présentation des pains à Melchisedech. } 15 liv.

1 autre grisaille, des gens qui se battent, avec le couvercle, à 15 livres.
1 autre de même, quantité de figures et un jeune homme assis ayant des potz à ses costez, avec le couvercle, à 15 livres. } 30 liv.

2 autres grisailles, avec quantité de figures et un ange qui tient un pot et une tasse, cy   20 liv.

10 autres, hautes, toutes différentes, avec les couvercles, à 10 livres. cy   100 liv.

1 autre, moyenne hauteur, avec son couvercle, cy   6 liv.

7 autres plattes, différentes.   30 liv.

Vases.

7 vases différents, à 6 livres, cy   42 liv.
2 vases à 2 ances.   20 liv.
1 éguière couverte d'un couvercle de cuivre.   20 liv.
1 autre, sans couvercle.   6 liv.
2 flambeaux, dont l'un est cassé.   15 liv.
1 espèce de fontaine, dont le haut est tout cassé, cy   2 liv.

Pots et Vases de serpentine.

2 pots à bière couverts d'estain.   5 liv.
1 grand vase sans pied, couvert d'estain.   1 liv.
2 chandeliers, dont l'un est cassé.   1 liv.
1 piramide, avec des petits pots pour l'huille, vinaigre, sucre, etc.   5 liv.
2 vases, avec des couvercles en dosme.   5 liv.
1 petit pot, avec un couvercle.
1 autre, sans couvercle. } 2 liv.

1 douzaine d'assiettes.   6 liv.

Dessins[1].

84 desseins d'ordonnance, de Rafaël et son école.	1,541 liv. 5 s.
170 desseins de Venise, Lombardie et Florence.	1,458 liv.
112 desseins de Caracci et modernes.	661 liv. 10 s.
97 desseins d'Allemagne et Flandres.	382 liv. 15 s.
463 desseins d'ordonnance.	4,043 liv. 10 s.
137 desseins de testes, figures, copies, etc., des quatre susdites collections pour	276 liv. 10 s.
600 desseins collés et dorés dans cinq portefeuilles à mes armes.	4,320 liv.

---

1. L'inventaire des *Dessins* est trop étendu pour qu'il ait pu être reproduit ici. Nous nous contenterons de donner le résumé qui le termine.

En tout :

600 desseins collés et dorés, en six portefeuilles, aux armes de Collogne.	7,687 liv. 15 s.
600 desseins, en cinq portefeuilles, à mes armes.	4,320 liv.
1,200 desseins, en unze portefeuilles, pour	12,007 liv. 15 s.
Des quels desseins cy dessus mentionnez il en a esté perdus ou ostez, à cause des sujets deshonnestes qui les représentoient, la quantité de	
13 desseins se montans, suivant la spécification suivante, à la somme de	371 liv.
1,187. Reste ainsy	11,636 liv. 15 s.

Desseins qui se sont trouvez sans inventaire et qu'on a mis dans différents portefeuilles marquez comme dessous :

Sçavoir :

A.

79 desseins de bons maistres, collez et la pluspart dorez.	150 liv.

B.

9 desseins et contrepreuves de Zucchero.	50 liv.

C.

40 desseins de morceaux, testes, esquisses et estudes.	
22 id. de Guarcin, Vanius et autres bons maistres.	
62 desseins.	25 liv.

D.

113 desseins de Primalicio.	150 liv.

E.

45 desseins de Rubens, Alberdure et autres bons maistres de l'école d'Allemagne.	
9 d'Alberdure, de la Passion de Nostre-Seigneur, sur papier gris rehaussé de blanc.	
14 estudes de draperie d'Alberdure, sur toile, collés sur papier rehaussé de blanc en détrempe.	
28 morceaux, testes et esquisses de la mesme école.	
96 desseins.	60 liv.

F.

37 desseins de la Colonne Trajane, par Jules Romain et autres bons maistres.

22 desseins de la Marche de l'empereur Charlequin, après Titien, par de bons maistres.

59 desseins.   40 liv.

G.
41 desseins d'ornemens et d'architecture.   18 liv.

H.
35 desseins de bons maistres modernes.   15 liv.

J.
12 desseins de Georgeon et Lucas Pennis.
129 desseins de Parmesan et autres excellens maistres.
100 desseins de morceaux, esquisses, testes, estudes desdits.

241 desseins.   200 liv.

L.
24 desseins de la Valle ombrosa de Zuccharo.   25 liv.

M.
40 desseins de paisages des grands maistres.
17 de morceaux et esquisses comme dessus.

57 desseins.   60 liv.

N.
197 desseins communs.   50 liv.

O.
70 desseins de Raphaël, Michel-Ange, Paul Veronese et autres excellents maistres.
77 d'estudes, esquisses et morceaux desdits et de Vandeick.

147 desseins.   250 liv.

P.
43 petits desseins de divers maistres.
388 très petits, comme dessus.

431 desseins.   15 liv.

Q.
1 livre relié en velours bleu, contenant 149 desseins du Parmesan.   200 liv.

R.
59 desseins du Titien, Jules Romain, Michel-Ange, Paul Veronese, Guarcin et autres.   100 liv.

S.
216 desseins des grands maistres.   160 liv.

T.

525 desseins de rebut. 150 liv.

X.

99 desseins de paisages communs. 30 liv.

AA.

87 grands desseins des Antiquitez de Rome.
47 plus petits.
58 bas-reliefs des mesmes Antiquitez, par Perrier.
25 desseins des mesmes sujets, —
48 petits desseins de mesme sorte, —

2,941 desseins, en 20 portefeuilles, montant ensemble à 1,948 liv.

Planches gravées.

Deux cent vingt-huit planches en longueur, sçavoir : deux cent vingt-sept grandes et une moyenne, marquées F dans le pacquet n° 8 ; toutes représentant des paisages de Titien, Carache, Campagnole, Gobbe, Poussin et Bolognese, mises en trente-huit pacquets, chacun de six planches numérotées du n° 1 au n° 38, à 26 liv., comme elles ont cousté au sieur Jabach. 4,560 liv.

Six ditto en hauteur, sçavoir deux grandes, trois moyennes et un petit paisage des mesmes maistres que cy-dessus, marquées n° 39.
76 liv.

Dix-huit ditto, de moyenne grandeur, paisages comme dessus, mises en trois pacquets, chacun de six planches, sçavoir n° 40 en hauteur et n°s 41 et 42 en longueur, à 10 liv. 180 liv.

Dix ditto, sçavoir deux des moyennes et huit des petites grandeurs, desseins de la Vierge après différents maîtres, en un pacquet, n° 43.
68 liv.

Vingt-quatre ditto, des petites grandeurs, paisage en long de Carache, Mutien et Paul Bril, mis en quatre pacquets, chacun de six planches, marquées n°s 43 à 47. 144 liv.

Deux de moyenne grandeur ; sur le devant un homme dormant au pied d'un arbre.

Une de la petite grandeur : la Famille sainte. 12 liv.

Elles sont répétées, ayant leurs pareilles marquées D à K dans les pacquets n°s 40 à 43.

Une de la petite grandeur : Vierge, très mal gravée et qui pour cela ne mérite pas d'estre imprimée. 3 liv.

Deux cent quatre-vingt-neuf planches de cuivre gravées à l'eau-forte : les grandes ayant 1 pied 3 pouces sur 10 pouces ; les moyennes 10 1/2 à 11 pouces sur 8 pouces ; les petites 8 pouces sur 6 pouces.
5,043 liv.

Une planche de la dispute des Muses, d'après Perin del Vague, gravé à l'eau-forte par Chauveau, haute de 11 pouces sur 19 pouces 1/2 de long. 50 liv.

Une les Pèlerins à table en Emaüs, après Titien, gravée à l'eauforte, par Chauveau, haute de 11 pouces sur 15 pouces 1/2. 400 liv.

Une Nativité de Nostre-Seigneur, après Jules Romain, gravé à l'eau-forte par Chauveau, haute de 14 pouces 1/2 sur 10 1/2. 50 liv.

Une Sainte Cécile, après le Dominiquin, gravé à l'eau-forte par Chauveau, haute de 15 pouces 1/2 sur 11 pouces. 50 liv.

Trois le Combat d'Hercule contre Anthé et contre l'Hydre, et sa mort sur le bûcher, après le Guide, gravées par Chauveau à l'eauforte, hautes de 14 pouces 1/2 sur 10 1/2, à 100 liv. pièce. 300 liv.

Une l'Ensevelissement de Nostre-Seigneur, après Titien, gravée par Chauveau, à l'eau-forte, long de 13 pouces sur 12 1/2. 50 liv.

Une Saint Jérosme reveillé par la trompette, après le Guarcin, gravé par Chauveau à l'eau-forte, long de 13 pouces sur 12 1/2. 10 liv.

Une l'Innocence de Suzanne, après Valentin, gravée par Boulanger, à l'eau-forte, longue de 12 pouces sur 12 1/2. 100 liv.

Une le Concert, de Dominiquin, gravé par Chauveau, à l'eau-forte, long de 12 pouces sur 11 1/2. 100 liv.

Une la Famille du Guast, après Titien, gravée par Natalis, au burin, haut de 12 pouces sur 10 pouces. 100 liv.

Un Saint Jean-Baptiste, demie figure, après Leonard da Vincy, gravé par Chauveau, à l'eau-forte, haut de 12 pouces sur 8 pouces. 30 liv.

Un le Portrait de mon père, 1/2 figure, gravé par Lasne, au burin, haut de 12 pouces sur 9 pouces. 20 liv.

Trois cent trois planches montant à la somme de 6,303 liv.

Estampes des planches cy-devant mentionnées.

Deux cent quatre-vingt-six estampes en quarante-sept livres, dont il y en a quarante-six de six estampes chacun, et un, sçavoir n° 43, de dix ; elles sont chacune des deux cent quatre-vingt-six planches de paysages et petites Nostre-Dame.

Cinq cent vingt des Pèlerins à table à Emaüs, à 10 s. pièce. 260 liv.

Six cents médiocres ⎫ estampes de la Dispute des Muses, à 80 liv.
Quatre cents belles ⎭ pièce. 416 liv.

Cinquante-neuf du Concert, du Dominiquin, à 8 s. 23 l. 12 s.

Cent quatre-vingt-treize de la Nativité de Nostre-Seigneur, de Jules Romain, à 8 s. 72 l. 4 s.

Quarante-sept de la Famille du Guast, à 8 s. 18 l. 16 s.

Soixante-une de l'Innocence de Suzanne, à 8 s. 24 l. 8 s.

Soixante-sept de Sainte Cécile, du Dominiquin, à 8 s. 26 l. 16 s.

Quinze meschantes petites planches de cuivre, gravées, qui ne sont bonnes que pour le poids, à 20 s. 15 liv.

Cent soixante-douze desseins d'oiseaux coloriez, à raison de 4 s. 34 l. 4 s.

Trente-cinq desseins de fleurs coloriez, à raison de 2 s. 3 l. 10 s.

Un livre relié en veau, aux armes de Jabach, contenant quarante-trois feuilles d'oiseaux colloriés.

Un autre du mesme, contenant quarante-trois feuilles, comme ci-dessus; ensemble 86, à 30 s. pièce. 43 liv.

Nogent-le-Rotrou, imprimerie DAUPELEY-GOUVERNEUR.

www.ingramcontent.com/pod-product-compliance
Lightning Source LLC
LaVergne TN
LVHW050622090426
835512LV00008B/1626